I0133215

Notas diarias a Dios

Una experiencia devoto

a Noel Palmer

Diseño de la portada a Mark Silverstone

Traducción a Emily F. Kelly

ISBN: 978-0-9858257-2-0

En agradecimiento amoroso,
dedico este libro a mi esposa, Daisy,
quién es mi crítico más perceptivo
y mi amiga mejor.

Comentario

Empenzé mi viaje con la lengua rica de Español cuando era niña. Desde entonces, realizé que la lengua era más que una idioma- es una cultura; una manera de vida. Pero traduzca un dedicación es un viaje muy diferente para mí.

El sacerdote que escriba este dedicación era cuáquero. Solamente soy una mujer...una mujer rubia, con ojos claros, sin el expectación de nadie que soy una persona que habla Español. Pero es mi pasión. El primer crítico de mi traducción dijo que nunco me he hablado Español en mi vida. El segundo crítico dime una nota perfecta. El entendimiento está en el ojo del leedor. Español es un pueblo, una cultura, una idioma, un símbolo del sufrimiento y revolución. En comparación, hay un conflicto de culturas, pero lee este dedicación con un corazón abrimiento. El sacerdote que quería demostrar la manera que los momentos son Cristo puede cambiar el corazón y el espíritu. El gratitud por todas las cosas creadas todos los días le da un espíritu de jubilez y la paz. Abre su corazón por la paz y cierra por el conflicto.

Emily F. Kelly

Queridos amigos,

En los años pasados, antes de empezar el trabajo del día, muchas veces, pararía y escribiría una carta a Dios. Ahora, compartirlos contigo. Espero que vaya obtener un entendimiento de la inspiración me ganó a las Escrituras Sagradas y los otros escritos devotos. He criado al Espíritu Santo cuando acercándose a Dios cada mañana.

Noel Palmer

ENERO

1 DE ENERO

Querido Padre celestial,

Te agradezco por un año nuevo con todos sus promesas y esperanzas. Te agradezco que estás en este año nuevo y, claro, eres el conservante y el poder que sostenerlo. Tengo confianza, Dios, que hay todas que son buenas contigas. Me pides su guía y su guarda en mi sumiso a ti. *Amén.*

2 DE ENERO

Querido Padre celestial,

Te agradezco por todo la importancia de tú a mí y todo el mundo. Nos pensaste cuando dormimos y nos proveían durante los momentos despiertos. Siempre estamos en sus inquietudes; más que podemos estar de sus mismos. Ayudame este día para servirte en una manera recta. *Amén.*

3 DE ENERO

Padre eterno,

Nos habría dotados con los sentidos que nos darías cuenta de nuestras ambiente. Nos permitirías que sentir el calor del sol, la belleza del cielo, los formaciones varios de las nubes. Nos permitirías que oír el pío de los pájaros y el zumbido de las abejas. Además, nos darías la respuesta de su amor y doy gracias para este día. *Amén.*

4 DE ENERO

Padre eterno,

Es bueno para tener la garantía de tu amor y tu guía; para saber que tu no me sales ni abandones y para saber que estás trabajando por el propósito de mi alma. Ayudame, el Señor, para sea consciente de tu presencia y para seguir tu camino. oro que vas a utilízame para tu voluntad. *Amén.*

5 DE ENERO

Querido Padre celestial,
Te agradezco tu bondad, tu amor y tu atención. Te agradezco para una nueva oportunidad para alabar tu nombre. Te agradezco que has revelado tu mismo a través de tu hijo y mi Señor Jesús Cristo y a través de él, tengo acceso a tí. Dame tu Espíritu Santo quien enseña todo lo que es verdad y ayudame para servirte recto. *Amén.*

6 DE ENERO

Quierdo el Señor celestial,
Te agradezco para tu guarda y tu atención, tu piedad y tu bondad, tu amor y tu gracia. Tráeme en tu propósito lleno y ayúdame para saber y hacer tu voluntad. Llévame en el camino de virtud y para cumplir tu propósito. *Amén.*

7 DE ENERO

Querido Padre celestial,
Has dado los regalos en tu sabiduría que los sabes que necesito, ayúdame para descubrir el potencial de todos estos bendiciones para los desarrollan y úsalos por el honor y la gloria de tu nombre. Ruego que vas a utilízame este día. *Amén.*

8 DE ENERO

Querido Padre celestial,
Es la madrugada de un día nuevo y hay un provisión nuevo de sus bendiciones. La esperanza nueva llena sus corazones y júbilo nuevo llena sus almas. El conocimiento que eres nuestros dios y el conservador

y galardonado de todos que llevan a tí y este conocimiento nos llena con seguridad y alabanza. Ayudame este día para demostrar tu amor en mi vida. *Amén.*

9 DE ENERO

El Padre eterno,
Tienes sentidos fuertes para nuestros salvación y para llevar el mundo a su cargo; puedes ver la discordancia y la desconfianza, las peleas y las guerras en el mundo. Danos tu Espíritu Santo y llevarnos a la paz. Padre querido, llevarme este día y ayúdame para cumplir tu voluntad, ruego. *Amén.*

10 DE ENERO

Padre celestial,
Das la paz, provees la esperanza, navegas nuestros caminos. Te agradezco por un día nuevo que dame experiencia de tu bondad y tu amor. Haces perfectas todas tus cosas y eres el origen de todo el creación. Me abres el conocimiento del tu propósito para mi vida este día nuevo y ayudame para cumplir tu voluntad. En tu nombre amoroso, ruego. *Amén.*

11 DE ENERO

Padre eterno,
Para el conocimiento de tus obras maravillosas; para los prometidos que están en tu biblia y en la biblia se convierte en humano, te agradezco. Dame fuerza en todos los circunstancias y bendice la esfuerza en tu voluntad. *Amén.*

12 DE ENERO

Padre eterno,

Has ordenado mi camino; has sido mi guía y has prometido que estarás conmigo a vez del fin- te agradezco. Ayudame para servirte rectamente y para alabar tu nombre en todas cosas. Úsame para consolar tus hijos y darnos tu paz. *Amén.*

13 DE ENERO

Padre celestial,

Eres la provisión de todos regalos perfectos y buenos; nos has dado nosotros tu amor a todas las personas y nos has colmado tu gracia- me causas a jubilar en este día. Ayudame para agradecerte para toda lo eres y todo tu propósito para mí. Úsame para ti. *Amén.*

14 DE ENERO

Padre eterno,

Tengo confianza en tus propósitos para mi porque me has navegado en mi camino ahora y ya lo estás en el fin. Moldearme suficiente para hacer todo lo que quieres y dame el fe para alabar tu nombre. Ayudame para rendirse en ti como una rama de un vid y comerme con tu gracia. *Amén.*

15 DE ENERO

Padre eterno,

Te agradezco por dando el significado de la vida y para el sentido del propósito y la razón del servicio lo que permites. Este día ya está llenando en ti. Me revelas estos momentos a mi, Señor, para no me permites a tomar medidas sin tu. Ayudame para jubilar más en tu. *Amén.*

16 DE ENERO

Querido Padre celestial,

A pesar de la tristeza del día, sé que lo que es tu creación y se origina al mismo lugar y las mismas manos que crear los días felices. Mantienes mi corazón en el centro del concentracion en ti y ayúdame en todo lo me hizo que estoy guiado por tu. Me quedas en agradecimiento a ti para todo lo eres. *Amén.*

17 DE ENERO

Querido Padre celestial,

Sabes las cosas muy importantes a nosotros. Haces lo que quieren para mi y puedes estar seguro que los deseos de mi corazón son aceptables a ti. Me desahogas tus bendiciones este día y me cumples tu propósito. Señor enamorado, me permite el Espíritu Santo a guiarme en el camino de verdad. *Amén.*

18 DE ENERO

Querido Padre celestial,

Durante la luz del sol alumbra, soy consciente en tu presencia gloriosa dentro de mi. Tengo confianza que los rayos illuminados de tu Espíritu van a guiarme en este día. El Señor enamorado, me mantienes consciente de tu carácter bueno y ayudame para darte honor. *Amén.*

19 DE ENERO

Querido Padre celestial,

Te agradezco por una relación más cercana contigo y para el privilegio de sentir tu Espíritu dentro de mi y para saber la alegría de tu consolación. Me alabas. Ayudame para crecer en tu gracia y reflejar en la belleza de tu paz. Dame la sabiduría para lograr tu voluntad en todas cosas. Úsame, Señor. *Amén.*

20 DE ENERO

Querido Padre celestial,

Nos has unificados y causados a tener un beneficio al intereses de los otros. Has declarado que es una cosa buena para los hermanos que pasar tiempo con los otros en unificación. Ayudame para hacer mi parte para lograr en el mundo la paz y la buena voluntad. Úsame para hacer tu voluntad, yo oro. *Amén.*

21 DE ENERO

Querido Padre celestial,

Eres infinito y tu compasión es eterno. Tu verdad sobrevive a todas las generaciones. Te agradezco para su responsabilidad y que puedo tener confianza en ti para cumplir los propósitos buenos. Dame por favor la sabiduría para darte honor en mi vida. En tu Nombre santo, *Amén.*

22 DE ENERO

Querido Padre celestial,

Te agradezco porque aunque cuando no puedo pensar claro, sé que puedo llevar a ti. Aunque todas cosas son confusas y no sé cómo rezar o sobre qué rezar por, puedo llevar a ti para comodidad, dirección y ayuda.Entiendes el mundo y sabes nuestros confusos. Ayudame para adorar y tener confianza en ti. *Amén.*

23 DE ENERO

Padre eterno,

Tienes todas las posibilidades y estás esperando por nuestros accepto de los regalos. Quieres desahogarte tu Espíritu Santo en las nuestras vidas y te agradezco por estas razones. Ayudame para seguirte y para tener confianza determinada en su biblia por mi guía en los caminos rectos y de la paz. *Amén.*

24 DE ENERO

Padre eterno,

Te agradezco por las métodas varias para dar alabanza a ti. Te agradezco porque puedes satisfacer mi corazón anhelo con tu gracia. Dios enamorado, ayudame para rendir a tu voluntad y para llenar tu propósito para mí. Dame las palabras y los acciones rectos para tu voluntad. *Amén.*

25 DE ENERO

Querido Padre celestial,

Te agradezco por todas las oportunidades para manifestar tu amor y tu bondad. Te agradezco por elegirme a un testigo de ti. Ayudame para demostrar tu amor y en mis palabras y mis acciones y en todas cosas, podría darte honor. *Amén.*

26 DE ENERO

Querido Padre celestial,

Eres el origen de todas cosas buenas y provees para todas nuestros necesidades. Nos conoces en total y has escogidos amarnos.Ayúdame, Señor, para responder a tu voluntad y para rendir mi alma total. Úsame en todos que quieres y cautilízame a alabarte en todas cosas. *Amén.*

27 DE ENERO

Dios eterno que tener amor sobreviviente,

Sigo en tus compasiones y me desahogas constante tu amor. Eres mi guardián y mi guía. Te agradezco para tu provisión y tu cuidado. Te agradezco por elegirme. Úsame este día para cumplir tu voluntad. *Amén.*

28 DE ENERO

Querido Padre celestial,
El dador de la vida; el conservante de todo regalo perfecto y bueno; nos ha dado la habilidad para conocerte y nos dar sus mismos a ti; va a recibir los pecadores y estás dispuesto a restauramos a ti y te agradezco para su amor. Me oro que puedes guiarme en el camino recto este día. *Amén.*

29 DE ENERO

Querido Padre celestial,
Te agradezco por la habilidad para hacer todas cosas para ti. Te agradezco por revelarme toda su creación maravillosa. Te agradezco para las oportunidades grandes en el servicio de ti. Dame la fuerza, la sabiduría y la habilidad para lograr toda me requieres. *Amén.*

30 DE ENERO

Querido Padre celestial,
Eres el origen de nuestros fuerza, fijarnos en su esperanza, tenemos confianza en ti y sabes los secretos de nuestros corazones. Te agradezco por siempre estabas presente y siempre dispuesto a oír nuestros oraciones. guíame este día, Señor y ayúdame a honrarte en todas cosas. *Amén.*

31 DE ENERO

Padre eterno,
Das la paz eterna y confortas todas corazones se están dolandos con tu bíblia. Has dicho, "Vengan a mí todos ustedes que están cansados y agobiados, y yo les daré descanso"- te agradezco por este prometido y para el descanso recibiría cuando aceptaría tu verdad. Dame tu Espíritu Santo en mi este día y ayúdame para vivir por ti. *Amén.*

Febrero

1 DE FEBRERO

Querido Padre celestial,

Has abierto la puerta del conocimiento y la verdad a nosotros. Eres el origen de la sabiduría. Ayudame para saber y hacer tu voluntad. Dame la paz que sucederá todo el conocimiento y dame el valor para lo hizo qué difícil pero recto en su entendimiento. *Amén.*

2 DE FEBRERO

Padre eterno,

Te agradezco por todos los bendiciones. Tu compasión es eterno y tu verdad sucederá a las generaciones. Recuerdes constante su pueblo y siempre estarás listo para contestar la llamada de ellos. Ayudame este día para caminar contigo y hacer tu voluntad. *Amén.*

3 DE FEBRERO

Querido Padre celestial,

Nos enseñas a través de lo que ocurrió y nos has prometidos que vas a estar con nosotros hasta el fin del mundo. Te agradezco Señor que puedo tener confianza en ti. No entiendo lo que está ocurriendo a veces, pero tengo confianza en ti, Señor enamorado. Encuentro comodidad en el conocimiento que todas cosas ocurren bien por las personas que tienen confianza en ti. *Amén.*

4 DE FEBRERO

Querido Padre celestial,

Te agradezco para mis amigos- las personas que demuestran su amor y ayúdame para saber su amor en una manera tangible. Me ayudaba para hacer las cosas que eran importantes a ellos. Continuaría utilízame en la difusión de la alegría en las vidas de tus niños y concederme la sabiduría. *Amén.*

5 DE FEBRERO

Querido Padre celestial,

Te agradezco por las oportunidades nuevas en este día. Estoy consciente en la guía de tu Espíritu Santo en mi vida. Usa su Espíritu Santo para ganar las victorias para ti este día. Acérquense más a mi porque necesito tu guía y tu ayuda. El crédito de las victorias es para ti solamente. *Amén.*

6 DE FEBRERO

Padre eterno,

Eres constante pero siempre nuevo y has creado en mí el deseo por ti. Eres sólo que puede satisfacer ese deseo y te agradezco. Ayudame para rendir mi mente, mi conocimiento y mi voluntad a ti para me cumples tu propósito. Ayudame para alabarte en todas cosas. *Amén.*

7 DE FEBRERO

Querido Padre celestial,

Te espero a navegar mi camino. Te espero a darme tu gracia para vivir por ti. Te espero a cumplir tus propósitos. Te espero a llenar tu voluntad para mi. oro que puedes guiarme, Señor, en tus caminos rectos. *Amén.*

8 DE FEBRERO

Padre eterno,

Solamente eres nuestros ayuda. Eres nuestros conservante y guía. Ayúdame para tener confianza en ti en todas las cosas durante tener el conocimiento que puedes convertir todas cosas en lo que bueno. Te agradezco, Señor, por tu prometido que dice que nunca va a abandonarnos ni renunciarnos y me acercas este día. *Amén.*

9 DE FEBRERO

Querido Padre celestial,

Le enriquece la vida cuando siento más tu Espíritu Santo en mi alma. Te agradezco por la oportunidad para conocerte y para la habilidad para llamarte y alabarte. Señor enamorado, eres todo a mí y deseo una manera para hacer tu voluntad. Guíame en los caminos rectos y concederme tu paz. *Amén.*

10 DE FEBRERO

Padre eterno,

Le conviertes la vida responsable y eres la contesta a toda la vida. Te agradezco por la revelación de tu mismo en tu creación, en el regalo de su Niño y la presencia de tu Espíritu Santo en nosotros. Es tan dulce para tener confianza en ti, Señor y para saber que todas cosas van a ser rectos con tu influencia. oro que va a utilízame este día. *Amén.*

11 DE FEBRERO

Querido Padre celestial,

Nos proteges en contra del mal y estableces la alegría en nuestros corazones. Eres el origen de nuestras fuerza y la guía de nuestras vidas. Ayudame este día para caminar por los caminos rectos y para hacer tu voluntad. Recibe mi gratitud para todo lo que eres a mi. *Amén.*

12 DE FEBRERO

Querido Padre celestial,

Te doy gracia más fuerte para ti. Has dado mucho compasión a mi y me das gloria y honor. Me has curado con tu mano por habría tenido salvación. oro que vas a utilízame a tu voluntad. *Amén.*

13 DE FEBRERO

Padre eterno,
Eres el autor de todas las calidades buenos y nos has dados la habilidad para escoger la buena o la mala. Estás cercanos cuando tenemos tentación a la mala. Ayudame este día para mantener en tu amor para tu Espíritu Santo me llenaría con la fuerza y sabiduría y hubiere visto tu voluntad. *Amén.*

14 DE FEBRERO

Querido Padre celestial,
Tus acciones están paseando el entendimiento y tu compasión es eterno. Conoces nuestros cuerpos y sabes que no somos más que polvo, pero estás dispuesto a poner su amor eterno en nosotros. Ayudame para sentir tu presencia cuando vivo por ti. *Amén.*

15 DE FEBRERO

Padre eterno,
Provees las oportunidades para descubrir tu bondad y tu cuidado. Siempre revelas tu amor en maneras diferentes. Te agradezco por un otro día de oportunidad para saberte más bien. Guíame y utilízame, Señor. *Amén.*

16 DE FEBRERO

Querido Padre celestial,
Te agradezco por muchas cosas que podemos dar gracias y muchas cosas que podemos tener confianza en ti. Has usado lo que es simple para confundir los que son inteligentes y los locos para avergonzar a los que tienen sabiduría. Ayudas los que tienen confianza en ti. Guíame este día y ayudame para seguirte. *Amén.*

17 DE FEBRERO

Padre eterno,
Te agradezco por su bondad bueno. Eres todo lo que es la sabiduría, eres todo de amor; has desahogado tu gracia en nosotros, incluso cuando no estamos meritorios. Ayúdame para recordar tu bondad y para honrarte en toda mi vida. *Amén.*

18 DE FEBRERO

Querido Padre celestial,
Tengo alegría en ti porque sé que eres mi Dios y mi salvador. Me conoces en total y tienes preocupación por mi. Riendo mi mismo a tu Espíritu Santo y oro que vas a tener alegría para trabajar tu voluntad perfecta en mi. *Amén.*

19 DE FEBRERO

Padre eterno y nuestros Dios,
Eres el creador del cielo y la tierra; el conservador de las personas que tener confianza en ti; tu conocimiento es más de los de géneros humanos; das el sol que brilla por los justos y los injustos; pero premias justicia. Gracias por tu calidad de bueno. Guíame en tu camino este día. *Amén.*

20 DE FEBRERO

Querido Padre celestial,
Te agradezco por las muchas maneras que provees por el beneficio de tu bondad. Te agradezco por la confianza en tu habilidad para hacer bien todas cosas. Ayúdame Señor, en todo lo que hizo, para alabarte. *Amén.*

21 DE FEBRERO

Querido Padre celestial,

Te agradezco también por tu calidad de bueno y tu cuidado. Eres mi conservante y mi guía. Sabes el camino yo camino y dependo en ti para caminar conmigo. Ayúdame para ser consciente en tu guía y dame la sabiduría para hacer tu voluntad. Llenarme con tu gracia y hacer más por mi que puedo pedir o pensar. *Amén.*

22 DE FEBRERO

Querido Padre celestial,

Recibirme, oro, cuando obtener más una poca parte de eternidad y llamar por ti; cuando busco para saber tu voluntad y cumplir tu voluntad para mi; cuando rendir mi mismo para hacer tus instrucciones, recibirme, oro. Hace lo que quieres, Señor, y cumplir lo que quieres en tus propósitos. *Amén.*

23 DE FEBRERO

Querido Padre celestial,

Es solamente por tu gracia estamos salvados, Señor, y estoy agradecido para saberlo. Te agradezco por la habilidad para reclamar tu amor dar mi misma alma a ti. Ayúdame para recordar que los géneros humanos están en su cuidado y deseas nuestros salvación. utilízame conforme a tu voluntad. *Amén.*

24 DE FEBRERO

Querido Padre celestial,

Te agradezco por tu constancia y tu amor eterno. Te agradezco porque tu compasión está nuevo todas las mañanas y la dirección de tu compasión está hacia de nosotros. Has pensado sobre nosotros antes de podemos pensar de sus mismos y has hecho provisiones más grande de podemos entender, Señor. Te agradezco mucho. *Amén.*

25 DE FEBRERO

Querido Padre celestial,
Vivo en ti, muevo en ti y tengo mi alma en ti. Has ordenado mi camino y mis pasos. Estás en la primera de mi vida y el fin. Ayúdame para crecer en mi relación contigo y guiar mi vida en el dirección de alabanza, hoy y en el futuro. *Amén.*

26 DE FEBRERO

Querido Padre celestial,
Estás a del principio y el fin del mundo, pero eres nuevo todos los días, te agradezco por este día nuevo y por tu calidad de bueno y tu amor. Riendo también mi vida, mi alma y que vas a utilízame para tu propósito por este mundo. Úsame como que quieres y dame el conocimiento y la sabiduría para seguirte. *Amén.*

27 DE FEBRERO

Querido Padre celestial,
Eres el origen de la vida y los géneros humanos; el dador de todos regalos perfectos y buenos. Me has dado la oportunidad para confiar en ti y te agradezco por la seguridad de tu cuidado. Te agradezco por tu presencia con las personas que tener confianza en ti y vas a sostenerlos siempre. *Amén.*

28 DE FEBRERO

Querido Padre celestial,
Eres el origen de la inspiración y provees las maneras de servicio; te agradezco por la oportunidad de este trabajo. Te agradezco por la guía

en el liderazgo de tu pueblo. oro que vas a estar a lado de mi para recordarme de tu presencia. Si pienso que estuviere trabajar sólo, dame un recordatorio poquito que eres el único que sostenerme. *Amén.*

29 DE FEBRERO

El Señor eterno y de amor eterno,

Te agradezco por tu bondad de nosotros. Te agradezco por tu cuidado. Anticipas nuestros necesidades y provees por lo que queremos. Has sido abundante en tus ofrezcas y ayúdame este día para tener gratitud por tus provisiones. Guíame en el camino recto. *Amén.*

MARZO

1 DE MARZO

Querido Padre celestial,

Te agradezco por una mes nueva y todos sus bendiciones. Sabes el principio y el fin y provees todos nuestros necesidades. Te agradezco por el hecho que estoy en tu mano y me proteges. Ayúdame para honrarte en mi vida y utilízame para alabarte. *Amén.*

2 DE MARZO

Padre eterno,

Si sólo supiera cómo darte gracias, lo habría hecho. Tengo alegría por las muchas cosas que has hecho por mi y me has dado la oportunidad para entender tu creación maravillosa y para oír la armonía de la naturaleza y el sentido de tu Espíritu Santo. Me levanto mi corazón a tí este día. *Amén.*

3 DE MARZO

Padre eterno,

Realizo que mi propia vida es un regalo a ti para cumplir tu propósito divino. Tu Espíritu Santo es un testigo con mi alma y espíritu y lo me asegura que estás conmigo. Dame la sabiduría y la gracia para seguirte para cumplir tu designación. *Amén.*

4 DE MARZO

Padre eterno,

Tienes determinación fuerte para salvar y no nos habrías rechazado quién que te vienen. Te llevo también por la fuerza y por revitalización. Te llevo porque tengo seguridad que quieres guiarme. Úsame este día para reflejar tu amor, en el nombre de Jesús. *Amén.*

5 DE MARZO

Padre eterno,

Eres recto y quieres que vamos a estar rectos. Dame tu gracia, por favor. Con la falta de ti y sin la conocimiento que estás cerco a mí, soy impotente y perplejo y voy a fracasar. Respiras tu Espíritu Santo en mi y llenarme con la vida siempre. Úsame por tu voluntad y toca la alabanza para ti mismo. *Amén.*

6 DE MARZO

Querido Padre celestial,

Te agradezco por tu compasión que has desahogado en mi y mi familia. Te agradezco por los recordatorios constantes que eres un dios bueno y eres eterno. Te amo, Señor y tengo gratitud por ti. Ayúdame para alabarte todos los días y dame la habilidad para compartir tu amor con los otros. Úsame como que quieres. *Amén.*

7 DE MARZO

Querido Padre celestial,

Eres mi dios en total, dame tu Espíritu Santo para caminar en tu camino de verdad. Eres el origen de toda la sabiduría y sabes el principio al fin. Ayúdame para vivir en la plenitud de tu propósito y para honrarte. oro que recibirías mi gratitud. *Amén.*

8 DE MARZO

Querido Padre celestial,

No tienes direcciones del norte ni del sur; del este ni del oeste; estás más allá del finito y eres el infinito. Tienes el mundo entero en tu mano y consisten todas cosas en ti. Te agradezco por el conocimiento de tu amor. Te agradezco que has prometido que vas a estar con nosotros a vez del fin del mundo. Ayúdame para pensar sobre ti este día. *Amén.*

9 DE MARZO

Querido Padre celestial,

Continuo que tener maravillosa a tus palabras. Has manifestado tu creación y nos has creados. Has preparado una manera que podamos conocerte. Te agradezco por tu deseo de nuestros amor. Hazme digno verdadero de ti y ayúdame para saber y hacer tu voluntad. Dame la sabiduría, el conocimiento y el entendimiento. *Amén.*

10 DE MARZO

Querido Padre celestial,

Tu misterio es más allá de nuestros entendimiento. Tu compasión es más allá de merecemos. Tu amor y tu paz son más allá de nuestros conocimiento. Darnos la fe para tener confianza en ti y la alegría para alabarte siempre su carácter. *Amén.*

11 DE MARZO

Querido Padre celestial,

Te agradezco por la extensión de tu bondad, por la oportunidad para llamarte "padre" y que puedo venir a ti. Me entiendes tu voluntad y utilízame para cumplirlo. Dame la sabiduría para seguirte y la sabiduría para decidir entre la verdad y el falso. Úsame, Señor enamorado, para hacer tu voluntad. *Amén.*

12 DE MARZO

Querido Padre celestial,

Has ordenado el mundo y se han arreglados las cosas en sus propios lugares. Has establecido las leyes para ordenar el universario. Has creado los géneros humanos para alabarte. Te agradezco por la inclusión de mí. Te agradezco por tu Espíritu Santo y su testimonio. Guíame este día. *Amén.*

13 DE MARZO

Querido Padre celestial,

Has ordenado el tiempo y me has creado en tu propia manera. Has planteado el deseo de adoración por ti en mi y satisfechas el anhelo de mi corazón cuando vengo a ti. Padre celestial enamorado, enseñarme tu manera y ayúdame para saber y hacer tu voluntad. Guíame en los caminos rectos por el amor de tu nombre. *Amén.*

14 DE MARZO

Querido Padre celestial,

Siempre estás presente para contestar nuestros llamados, confortas las personas que están tristes y ofreces la fuerza a los débiles. Te agradezco por tu mismo y por todo lo que eres a mi. Ayúdame este día para honrarte a yo viviendo. Por favor, recibes la alabanza. *Amén.*

15 DE MARZO

Querido Padre celestial,

Eres el origen del amor y has establecido el amor en los corazones de los hombres. Ayúdame para enamorar cómo que enamoras para mis hermanos van a saber que tu amor estás en mi. Úsame como que quieres y hágase tu voluntad, como en el cielo. *Amén.*

16 DE MARZO

Querido Padre celestial,

Hay excitación y grandeza en el conocimiento que tienes control de todas cosas viviendas, que das fuerza a los débiles y que das valor a los que están abatidos. Eres el origen de todo lo que bueno. Te agradezco por estas razones. Ayúdame este día para demostrar tu amor con el entendimiento. *Amén.*

17 DE MARZO

Querido Padre celestial,

Te agradezco que puedo alegrar hoy con los otros. Permites la paz para pasar a todos tu pueblo en todas partes. Señor enamorado, estableces buena voluntad en todos los géneros humanos y nos ayudas que disfrutar la belleza de tu paz. *Amén.*

18 DE MARZO

Querido Padre celestial,

Te agradezco también por me concedió la oportunidad de la vida y el conocimiento de tu calidad de bueno. Eres el Padre eterno, el Dios eterno y el dador de todo regalo perfecto y bueno. Has dado tú mismo en tu hijo Jesús Cristo y hacerme digno de tí este día. *Amén.*

19 DE MARZO

Querido Padre celestial,

A pesar del dolor siento, estoy asegurado que estás preocupado y tengo confianza que en tu tiempo, vas a conceder alivio. Te agradezco por el conocimiento que en todas cosas, pùedo tener confianza en ti y puedo dependo en ti cuando necesito ayuda. Reforzar mi valentía este día y ayúdame para sentirte cercano. Promito mi mismo a ti. Ayúdame para honrarte. *Amén.*

20 DE MARZO

Querido Padre celestial,

Te agradezco por el misterio de las ideas y por la manifestación de éstas. Has hecho posible que podamos enriquecidos de tu amor para nosotros y este amor está enriquecido de las ideas que ocurren. Llename con estas ideas y hace el mundo lo que quieres. *Amén.*

21 DE MARZO

Padre eterno,
Tu compasión está siempre extendiendo a nosotros y tu verdad está siempre presente para guiarnos. Ayudame a través de tu Espíritu Santo para llenar mi mismo con gracia. Revelas más tu voluntad para mí este día. *Amén.*

22 DE MARZO

Querido Padre celestial,
Te agradezco por la calidad nuevo de tu amor y por el sentido de paz que la provee en tu gracia. Te agradezco, Señor, que eres bueno a mi y oro que seguirá tu guía. Riendo mi mismo a ti este día cuando estoy rezando que vas a estar contento para utilízame por tu servicio. Ayúdame para honrarte, oro. *Amén.*

23 DE MARZO

Querido Padre celestial,
Eres el origen de las ideas y el fundación de acción; causas y directas todas buenas acciones; vengo también para agradecerte por pudiste el deseo de adoración en mi y por el suplico de la respuesta. Señor enamorado, guíame para pensar, hablar y actuar cómo que quieres. Ayúdame para alabarte. *Amén.*

24 DE MARZO

Querido Padre celestial,
Has establecido la capacidad para amor en nosotros y has expresado tu amor en tu creación. Has cumplido tu amor en la persona de Jesucristo, lo quién ha declarado que "Al que a mí viene, no le echo fuera". Me acompañas este día. *Amén.*

25 DE MARZO

Querido Padre celestial,

Eres un dios de compasión y milagros. Has hecho más por mí que he pedido. Eres confiable y siempre amante. Te agradezco por todo tu carácter y me comprometo personalmente para servirte. Guíame en el camino recto cuando busco como hacer tu voluntad. *Amén.*

26 DE MARZO

Querido Padre celestial,

Eres el autor de comunicación y has dicho a tiempo a nosotros a través de las profetas y en estos últimos dias, hablas con nosotros a través de tu hijo Jesucristo. Te agradezco que tu Espíritu Santo demuestra que estamos tus niños y cuando llamamos a ti, vas a contestar y cuando hablamos, vas a oírnos. *Amén.*

27 DE MARZO

Padre eterno,

Te agradezco por la alegría de tu amor y la esperanza eterna durante creemos en ti. Hágame más fuerte en mi fe y para tener seguridad que nunca me desampararás ni me dejarás. Ayúdame para dedicar mi mismo a ti tan fuerza que tu propósito está reflejado en mi en todas mis acciones. *Amén.*

28 DE MARZO

Padre eterno,

El origen de todo que bueno, el dador de todos regalos perfectos y buenos y el dios que me has escogido, te agradezco. Guiame, Señor, para saberte y seguirte. Llenarme con tu divina gracia y guíame con tu verdad. Solamente quiero hacer tu voluntad y haga mi vida para alabarte. *Amén.*

29 DE MARZO

Querido Padre celestial,

Ayudame para saber más tu voluntad este día y rendir mi mismo a hacerlo. Señor eterno, háganos realmente valiosos porque nos has concebidos y nos has considerados valiosos para ser tus hijos. Causarnos a mirar afuera y en nuestros interiores y realizar que es solamente por tu compasión que estamos vividos. Guiarnos este día con tu divina gracia. *Amén.*

30 DE MARZO

Querido Señor Jesús,

Te agradezco que eres el Camino, la Verdad y la Vida; que tu compasión es eterno y tu verdad está soportado en todas las generaciones. Te agradezco que siempre estás presente para oír de nuestros oraciones y para contestar durante ponemos nuestros esperanza en ti. Te agradezco, Señor, para la confortad que das. Ayudarme a quedar en ti. *Amén.*

31 DE MARZO

Querido Padre celestial,

Usas las ideas simples en este mundo para confundir a los sabios. Tu compasión sobrevive en todas las generaciones y te agradezco que has escogido a utilízame. Dame la sabiduría, el conocimiento y entendimiento en la acción de tu voluntad. *Amén.*

ABRIL

1 DE ABRIL

Querido Padre celestial,

Este es un nuevo día, una nueva mes, pero lo que es todo parte de tu eternidad a tí. Tu gracia divina está presente en este día antes de lo que empezó y tu amor eterno está distribuido cada momento. Te agradezco que todas cosas son un parte de ti y durante te rendimos, nos revelas. oro que vas a guiarme este día. *Amén.*

2 DE ABRIL

Padre eterno,

Comunica a nosotros a través de tus ideas y estás listo para revelar tus secretos a nosotros si hubiéramos esperado en ti. Eres el origen de todas cosas buenas y deseas que los géneros humanos íbamos a buscar a ti y te sabríamos. Guíame a un conocimiento más claro de ti durante deseo cumplir tu voluntad. *Amén.*

3 DE ABRIL

Querido Padre celestial,

Te agradezco por tu compasión y tu protección. No has hecho con nosotros en la manera que merecemos. Has demostrado la fuerza en una tormenta, pero has tenido compasión en nuestros protección. Señor, eres muy bueno a nosotros y te agradezco. Ayúdame este día para vivir por ti y dame el conocimiento para servirte en una manera recta. *Amén.*

4 DE ABRIL

Padre eterno,

Sabes mi complexión y entiendes que soy polvo; me has dado la oportunidad para compartir en tu creación maravillosa en tu sabiduría y compasión divina. Me has fijado tu Espíritu Santo y me das seguridad que soy tu hijo. Recibes la gratitud de mi corazon por favor y utilízame en tu servicio. *Amén.*

5 DE ABRIL

Padre eterno,

El Dador de la vida, el Autor de amor, has creado tu mundo para ti mismo en tu sabiduría divina. Has limitado tu mismo y nos has dado el poder para elegir o dejar a ti. Por favor, tienes compasión en nuestros ignorancia. Ayúdame este día para alabarte y hacer tu voluntad. *Amén.*

6 DE ABRIL

Querido Padre celestial,

Es mi privilegio para venir a ti y para agradecerte para tu amor y para todo lo que eres a mí y al mundo. Eres constante, nunca fracasa tu amor y tu compasión es eterno. Quedarme en tu voluntad y guíame en los caminos rectos. *Amén.*

7 DE ABRIL

Dios eterno y con amor eterno,

Te agradezco por el privilegio para venir a ti y que puedo decir que eres mi Padre y Señor. Me has creado y has proveído prosperidad en mi camino. Sabes mi necesidad y provees la satisfacción de mi necesidad; te agradezco. Ayúdame este día para hacer tu voluntad. *Amén.*

8 DE ABRIL

Padre eterno,

Estás más cercano del aliento y de las manos y los pìés. Vivir en mí este día y utilízame para cumplir tu propósito. Ora para mis amigos; especialmente los que no llamarte el Salvador. Ayudarles a conocer que ellos son nada sin ti. *Amén.*

9 DE ABRIL

Padre eterno,

Te doy el honor y la gloria. Te doy la alabanza y la gratitud. Me has dado tus bendiciones y tu amor. Has proveído prosperidad en mi camino. Has dado curación y ayuda. Puedo tener confianza en ti en todas las circunstancias. Estás conmigo este día. *Amén.*

10 DE ABRIL

Querido Padre celestial,

Sabes todo y entiendes todos nuestros debilidades y fuerzas. Te agradezco que cuando los traemos, puedes santificarnos y háganos digno de ti. Ayúdame para sea consciente de tu presencia eterna y tu mano extendido. Ayúdame para descansar y ser sostenido a ti. *Amén.*

11 DE ABRIL

Padre eterno,

Tu compasión es nueva todas las mañanas y tu verdad sobrevive todas las generaciones. Siento tu Espíritu Santo en mi y me atrae para adorarte. Quédate conmigo Señor y ayúdame para demostrar tu amor. Utilízame conforme a tu voluntad, este día y aceptar la alabanza por tu mismo. *Amén.*

12 DE ABRIL

Padre eterno,

Todos los corazones están abiertos y todos los deseos son conocidos en frente de ti. Los secretos no están escondidos a ti. Me conoces y me entiendes en total y conoces todos mis caminos. Ayúdame, Señor, para tener confianza en ti porque eres el origen de todos regalos perfectos y buenos. utilízame conforme a tu voluntad. *Amén.*

13 DE ABRIL

Querido Señor Jesús,

Eres el Salvador y Señor. Has dado significado a la vida, has haga la vida intencional y maravillosa. Es tan dulce para tener confianza en ti y para saber que estás en todas cosas que hago. Señor enamorado, hagas lo que quieres conmigo y se llevan el mérito para todos que están cumplidos en tu voluntad. *Amén.*

14 DE ABRIL

Querido Padre celestial,

Has creado el presente a del pasado y te agradezco porque me has elegido para vivir en este tiempo. Tengo confianza que creas el futuro y me continuarás en lo. Dame la fuerza y sabiduría para cada día. Ayúdame para los contribuyen a ti. Vives en mi, oro, y hágase tu voluntad en realidad. *Amén.*

15 DE ABRIL

Padre eterno,

Te agradezco que has revelado tu mismo a través de tu amor. Te agradezco por el ejemplo de tu hijo Jesucristo. Te agradezco que a través de él, tengo vida eterna. Guíame en el camino de verdad y dame la sabiduría para decir y hacer las cosas que honrarte. *Amén.*

16 DE ABRIL

Querido Padre celestial,

Te agradezco por la lluvia y el verde de las plantas. Te agradezco por las bendiciones que incluyen la habilidad para ver y apreciar la belleza de tu mundo. Te agradezco más que estás consciente continuamente a mí. Ayúdame, Señor, para amarte y servirte. utilízame conforme a tu voluntad. *Amén.*

17 DE ABRIL

Querido Padre celestial,

Has enviado tu hijo Jesucristo para demostrar cómo que vivir; no escamitó tu propio hijo, sino que lo afligió. Te agradezco por este regalo significado que hágame libre. Te doy mi mismo a ti este día para puedes utilízame conforme a tu voluntad. *Amén.*

18 DE ABRIL

Padre eterno,

Reclamo tu bondad y tu prometida que no hay ninguna cosa que te retengan a los que tener confianza en ti. Señor, sabes que tengo confianza en ti por la vida, la esperanza y amor. Guíame en el camino recto para hacer tu voluntad divina. *Amén.*

19 DE ABRIL

Querido Padre celestial,

Todos los misterios están revelados en ti porque tienes una calidad de bueno. Causando todas las cosas obren conjuntamente para bien. Puedes convierte la destrucción y la muerte a la vida nueva y resurrección. Te agradezco por estas razones. Ayúdame para mantener mi confianza en ti y con tú, todo va a estar bien. *Amén.*

20 DE ABRIL

Querido Padre celestial,

Yo puedo depender en ti, estás cercana a todos los veces y te das comodidad a nosotros. Ayúdame para sentir tu presencia ahora. Respira tu Espíritu Santo en mí para alabar tu Nombre. Úsame, Señor, para honrarte y utilízame para glorificar siempre tu Nombre. *Amén.*

21 DE ABRIL

Querido Padre celestial,

Vengo a tí una otra vez sólo porque tu bondad y tu amor. Sé que eres mi guardián y mi guía. Intento a servirte con todo mi corazón, mi alma, mi mente y mi fuerza. Dame la gracia y la sabiduría para saber y guiar tu voluntad. *Amén.*

22 DE ABRIL

Padre eterno,

Eres nuevo cada mañana y estás dispuesto continuamente a revelar tu camino a nosotros. Declaras tu propósito para mí este día. Dame la sabiduría para entender tus acciones en tu voluntad. Ayúdame para entender correctamente el plan que le revelas. utilízame conforme a tu voluntad. *Amén.*

23 DE ABRIL

Padre eterno,

Has ordenado la estructura del mundo y las mociones y movimientos de la vida. Diseñaste cada parte de materia y has revelado tu naturaleza a nosotros. Has declarado tu mismo nuestros Padre divino y ayúdame para ser un hijo a tí en verdad. Te agradezco por tu amor y utilízame conforme a tu voluntad. *Amén.*

24 DE ABRIL

Querido Padre celestial,

Te agradezco por los benidicciones del pasado y porque sé que estás presente continuamente. Capturas todo del tiempo y te agradezco por los benidicciones que cumplirán. Ayúdame para alabarte continuamente. Enséñame cómo amarte y dame el espíritu recto para expresar mi gratitud. *Amén.*

25 DE ABRIL

Padre eterno,

Te agradezco por el sentimiento reanimador que ocurre en el descanso y por la energía tonificante que ocurre después de la relajación. Te agradezco por la alegría que los están disponible para disfrutar. Señor amado, ayúdame para agradecerte y alabarte siempre. *Amén.*

26 DE ABRIL

Querido Padre celestial,

Te preservas las personas lo que eliges que tienen confianza en ti. Provee comida en la naturaleza y mantienes todo tu creación. Te agradezco que estás consciente a mí y todas mis necesidades. Te agradezco que has prometido que nunca te desampararé ni te dejaré. Me mantenerse en tu gracia este día. *Amén.*

27 DE ABRIL

Padre eterno,

Eres nuestras fuerza, el origen de todas vidas y siempre estás dispuesto a llenarnos con tu Espíritu Santo y mantenernos en nuestros caminos. Te agradezco por tu propio mismo y por la comodidad de tu presencia. Es bueno para estar contigo, Señor, y oro que voy a cumplir tu voluntad. *Amén.*

28 DE ABRIL

Padre eterno,

Me has dado la oportunidad para conocerte y el privilegio para llamarte el Salvador y Señor. Te alabo porque has hecho mi camino claro y lo has guiado. Te prometo mi alma. utilízame como quieras. Oro en tu Nombre, *Amén.*

29 DE ABRIL

Querido Padre celestial,

Por la realización de tu amor y el entendimiento de tus prometidas, te agradezco, Jehová. Por las oportunidades para servirte y el privilegio para estuve elegido a ti, te agradezco, Jehová. Por la seguridad de tu presencia divina y el sostenido de Tu Palabra, te agradezco, Señor. *Amén.*

30 DE ABRIL

Querido Padre celestial,

Nos has fijado potencial y nos has dado la posibilidad para volveremos toda la capaz que podemos ser. Estás con nosotros para sostenernos y permitirnos a lograr más que nuestros imaginaciones. Por favor, estar conmigo y ayúdame para lograr todo lo que posible. *Amén.*

MAYO

1 DE MAYO

Querido Padre celestial,
Te agradezco por tus bendiciones este día. Tu misericordia es eterno y tu verdad sobrevive en todas las generaciones. Has revelado tu bondad también y estoy agradecido. Guíame en los caminos rectos. Ayúdame para demostrar tu amor por los otros sabrán tu bondad y darte adoración en el Espíritu y la verdad. *Amén.*

2 DE MAYO

El Señor eterno con amor eterno,
Nos has dado tu propio mismo y has limitado tu propio mismo por causa de nosotros para nos acercarte más. Te agradezco por tu bondad y por tu cuidado. Te agradezco por tu presencia eterna en mí y alrededor. utilízame como que quieras. *Amén.*

3 DE MAYO

Querido Padre celestial,
Realizo que la humildad es la consciencia de dependencia en tu divina gracia. Sé que sin tu gracia y perdón, no podríamos vivir. Te agradezco por tu amor eterno y para continuar tu gracia a mí. Ayúdame para cumplir tu voluntad este día. *Amén.*

4 DE MAYO

Padre eterno,
Nos has dado la revelación de tu propio mismo en La Persona de Jesucristo. Entendemos que eres nuestros Padre y cómo un padre tiene misericordia en sus hijos, tiene misericordia en los que llaman a ti. Ten compasión a mi este día y ayúdame para hacer tu voluntad. *Amén.*

5 DE MAYO

Querido Padre celestial,

Te agradezco por tu presencia conmigo y me recuerdas que soy tuyos. Sin tú, eres nada. Necesito sentirte en mi alma por el conocimiento que me mantendrás en el camino recto. Seguirme este día y ayúdame en total para honrar tu Nombre Divino. Amén.

6 DE MAYO

Querido Padre celestial,

Este es una mañana nueva a mí, Señor, pero es eternidad a tí. Pido la sabiduría, el conocimiento y el entendimiento para cumplir las demandas del día. Ayúdame para ser un instrumento por ti y utilízame como que quieras. Toma la alabanza por tu mismo. *Amén.*

7 DE MAYO

Querido Señor y Padre,

Nos has creados por tu mismo propósito. Deseas pasar tiempo con nosotros. Nos has sembrado un sentido de adoración; vengo a ti este día para prometer mi lealtad, para oferta mi voluntad y para rezar que voy a saber muy bien cómo que adorarte. Guíame, este día. *Amén.*

8 DE MAYO

Querido Padre celestial,

Eres el dador de todos regalos perfectos y buenos y eres la guía de nuestros caminos. Te agradezco este día por la satisfecha para venir a ti y reclamar tu promesa. Sabes el principio y el fin y puedes guiarme en los caminos de la verdad. Guíame este día para cumplir tu voluntad. Dime tu gracia, Señor, para honrarte en todos mis acciones. *Amén.*

9 DE MAYO

Querido Padre celestial,

Te agradezco por mi vida y el privilegio para lo disfruta. Si esta vida es bueno, ¿cuánto más será el cielo? Estás en esta vida y has prometido estar con nosotros siempre. Dime el conocimiento, la gracia y la voluntad para vivir por ti. Amén.

10 DE MAYO

Dios eterno y siempre amante,

Vengo a ti para agradecerte por tu bondad y cuidado. Te agradezco por tus promesas eternas que extienden a todas las generaciones. Te agradezco por tu misericordia que es nuevo cada mañana. Guíame, oro, en los caminos rectos por tu Nombre divino. *Amén.*

11 DE MAYO

Querido Padre celestial,

Has tenido la responsabilidad para nuestras creación y has proveído para todas nuestras necesidades. Nos has creados para tu propósito y desees que te conocerás y te darás nuestras almas. Te agradezco por el privilegio para llamarte "padre" y rezo que me ayudarás para hacer tu voluntad. *Amén.*

12 DE MAYO

Querido Padre celestial,

Te agradezco por el lección de fe. Has sostenido tus hijos a través de todas las generaciones y que les has dado la voluntad para tener confianza en ti. Has prometido y has demostrado que cuando tenemos confianza en ti, eres fiel a tu promesa. Tengo confianza en ti e incluso ahora y yo dependo en ti. *Amén.*

13 DE MAYO

Querido Padre celestial,

Nos has dado tu mismo y el poder a convertirse en tus hijos. Tu misericordia es siempre y tu verdad perdura a todas las generaciones. Tu compasión no fracasa y siempre estás listo para revelar más de tu amor a nosotros. Rezo que vivirás a través de mi este dia. *Amén.*

14 DE MAYO

Querido Padre celestial,

Estás causando el trabajo de tu propósito todos los días y me has traído en tu plan y has preparado el camino donde yo camino. Te agradezco por tu bondad y tu cuidado. Te agradezco que conoces el camino que yo camino y vas a caminar conmigo. Utilízame conforme a tu voluntad este día. *Amén.*

15 DE MAYO

Padre eterno,

Nos amas más que podríamos amar nuestros mismos. Sabes nuestros necesidades más que podríamos realizar. Eres El Conservador de todas que tienes confianza en ti. Guíame este día y ayúdame para cumplir tu voluntad. *Amén.*

16 DE MAYO

Querido Padre celestial,

Eres grande y poderoso y las personas que tienen confianza en ti pueden hacer cosas grandes. Te agradezco por tu amor y que puedo tener confianza en ti. Dame la sabiduría para vivir una vida que te agrade. Estar conmigo todos los minutos del día y ayúdame para alegrar en ti. *Amén.*

17 DE MAYO

Padre eterno,

Te agradezco que toda tu creación en única y especial. Todos tus recursos son ricos y más que todas tus ideas son nuevas. Sé que este día nuevo tiene amor nuevo y ayúdame para alegrar en ti y reclamar tu bondad y tu cuidado. Ayúdame para cumplir tu propósito y alabar tu Nombre divino. *Amén.*

18 DE MAYO

Querido Padre celestial,

Vengo a ti para la gracia y la sabiduría para demostrar tu espíritu en una manera mejor. Sé que tu propósito para mí es para cumplir tu voluntad, pero deseo que vas a guiarme en los caminos rectos de tu servicio. Ayúdame para seguirte, Señor, para rendir mi mismo a ti este día. *Amén.*

19 DE MAYO

Querido Padre celestial,

Me preocupes más que podría preocupar por mi mismo y has pensado por mi bienestar. Te agradezco mucho por tu calidad de bien a mí. Ayúdame para alegrar en ti este día y siempre. *Amén.*

20 DE MAYO

Querido Padre celestial,

Abres más oportunidades para mí donde tu bondad está demostrado. Hablas en muchas lenguajes y maneras. Dame la sabiduría para saber que cuando hablas directamente a mí. Dame la gracia para seguirte en tus caminos. Dame el amor para compartirlo a todos. *Amén.*

21 DE MAYO

Padre eterno,

Has decidido para incluirme en tu plan para el mundo y has hecho muchas cosas buenas para mí. Dame la sabiduría, el conocimiento y el entendimiento que necesito en todas las circunstancias para lograr todo lo que desees. *Amén.*

22 DE MAYO

Querido Padre celestial,

Todo que nosotros tenemos es de ti. Eres el origen de los partes de nuestros ser. Vengo también para agradecerte por el conocimiento de ti y el deseo para servirte y adorarte. Mi corazón tiene alegría en el conocimiento que tienes preocupación por mi y te agradeces nuestros adoración. Guíame este día en el camino recto y ayúdame para honrarte. *Amén.*

23 DE MAYO

Padre eterno,

Eres abundante en tu gracia y tiene amor eterno. Has prometido acercarse a los que acercan a ti. Te agradezco por tu mismo y pido que vas a mantenerme cerca de ti. Ayúdame para cumplir tu voluntad este día. *Amén.*

24 DE MAYO

Querido Señor y Padre de los géneros humanos,

Te agradezco que es posible para tener compañerismo contigo. Nuestros corazones están inquietos hasta te encontramos. Te damos la paz. Amplificar tu mismo en mi hasta que todo mi cuerpo tiene el encendido de tu fuego divino y ayúdame en todo lo que hago. Úsame este día como quieras. *Amén.*

25 DE MAYO

Querido Padre celestial,

Eres eterno y tienes el tiempo en tu mano; nos has dado el momento breve para disfrutar la gloria de tu creación y preparar nuestros mismos para estar contigo; ayúdame para dar mi mismo a tí para tu propósito divino. Prepárame para tu servicio este día, yo rezo. *Amén.*

26 DE MAYO

Querido Padre celestial,

Eres infinito y te entiendes todas los mecánicos del mundo. Entiendes mis ideas antes de las pienso y conoces mis maneras. Ayúdame para tener confianza en ti y para saber que haces todas cosas bien. Úsame para cumplir tu voluntad este día. *Amén.*

27 DE MAYO

Querido Padre celestial,

Respira tu Espíritu Santo en mi también para puedo continuar en tu gracia. Dame la sabiduría para escoger el camino recto. Dame la fuerza para superar los obstáculos difíciles. Ayúdame para recordar que has prometido a estar conmigo hasta del fin del mundo. *Amén.*

28 DE MAYO

Querido Padre celestial,

Has derramado tu Espíritu Santo a tus discípulos en el aposento alto y prometiste tu pueblo que no nos te desamparás ni nos dejarás. Ayúdame para sentirse cerca de mí este día y dame la sabiduría para cumplir tu voluntad. *Amén.*

29 DE MAYO

Nuestros Padre dios,

Has hecho el mundo y los humanos en tu sabiduría divina. Has ordenado nuestros caminos y te agradezco que no podemos pase adelante sintigo. Señor enamorado, el más tiempo que pasamos contigo, estamos más seguro. Ayúdame para permanecer contigo este día y llename con tu Espíritu Santo. *Amén.*

30 DE MAYO

Querido Padre celestial,

Todas las cosas consisten en ti. Sabes el fin desde el principio y has ordenado nuestros caminos. Te agradezco que has revelado tu mismo a través de tu hijo Jesucristo quien ha enviado el Espíritu Santo para confortar y preservarnos. Rezo que vas a estar conmigo este día. *Amén.*

31 DE MAYO

Querido Padre celestial,

Eres la verdad y quieras que fuéramos veraces Eres el amor y quieras que fuéramos amantes. Eres la gracia y quieras que fuéramos gentiles. Ayúdame este día para vivir en las cualidades de ti que me has dado. Guíame, Señor, y úsame como quieras. *Amén.*

JUNIO

1 DE JUNIO

Querido Padre celestial,

Me calmas y me aseguras que todas mis maneras están conocidos a ti. Cuides por mí más que puedo cuidar por mi mismo. Has ordenado mi camino y has prometido para estar conmigo en todo mi camino. Te agradezco, Señor. Ayúdame para sentirse cerca de mí y guíame en el camino de tu verdad divino. *Amén.*

2 DE JUNIO

Querido Padre celestial,

Te agradezco por el deseo en mi hacer cosas buenas. Dame la gracia, la sabiduría y la fuerza para cumplir tu voluntad. Señor querido, si deseas un sacrificio, lo daría, pero solamente deseas mi amor y riendo mi mismo a ti. Úsame como quieras. *Amén.*

3 DE JUNIO

Padre eterno,

Enséñame para contar mis días para aplicar mi corazón a tu sabiduría. Enséñame a saber tu propósito divino por mi vida y dame la voluntad y el conocimiento para cumplirlo. Enséñame para regocijo en ti y para saber que vas a cumplir todo tu propósito divino. Rezo que guíame este día. Amén.

4 DE JUNIO

Querido Padre celestial,

Eres un misterio, pero muy claro en la manera que demostrar tu amor. Estás en el principio y el fin del todo día. Guías las vidas de todas que tienen confianza en ti. Pasa tiempo conmigo este día y ayúdame para sentirte cerca. Concédeme la gracia para conformar a tu propósito divino. *Amén.*

5 DE JUNIO

Padre eterno con amor infinito,

Nos has creado para cumplir tu voluntad y lograr todo lo que has ordenado. Te agradezco, Señor, por el conocimiento de ti y el deseo para seguirte. Te agradezco que todos tus recursos son más grandes que puedo imaginar, pero todos los son disponibles por mi. Ayúdame para permanezca en ti y para cumplir tu voluntad este día. *Amén.*

6 DE JUNIO

Querido Padre celestial,

Te agradezco que puedo tener confianza en ti en todas cosas. Te agradezco que entiendes todos mis deseas íntimas. Ayúdame, Señor, para seguirle y hacer tu voluntad divina. Dame la sabiduría para saber la diferencia de mis deseos y tu voluntad divina. Rezo que vas a usarme este día. *Amén.*

7 DE JUNIO

Padre eterno,

Nos llamas como somos y puedes usar nosotros con lo que tenemos. Deseas un espíritu pobre y contrito y no despreciarás los que son arrepentidos. Te agradezco, Señor enamorado, que podemos venir a ti y saber que somos redimidos a tu amor. *Amén.*

8 DE JUNIO

Querido Padre celestial,

No puede decir en una manera diferente que te agradezco por tu amor y tu bondad. Te agradezco que estás siempre disponible para recibir y contestar las oraciones. Te agradezco que puedo venir a ti y cuidas por mi. Oro que vas a guiarme. *Amén.*

9 DE JUNIO

Querido Padre celestial,

Eres el padre y cuidar por todos igualmente. Eres consciente de nosotros más que podemos ser conscientes de nuestros mismos. Señor, te agradezco por tu amor y bondad. Guíame en el camino recto y concédeme la sabiduría para cumplir tu voluntad divina. *Amén.*

10 DE JUNIO

Padre eterno,

Te agradezco por el amor que está derramado a mi también. Te agradezco por la promesa que es real a mi este día. Alabo tu Nombre divino por la bondad que todavía no entiendo. Hazme digna para ser tu hijo y dame la gracia para vivir por ti este día. *Amén.*

11 DE JUNIO

Querido Padre celestial,

Te agradezco por tu guía constante a través de tu Espíritu Santo y de Tu Palabra. Te agradezco que puedo depender en ti en todos situaciones y en tu guía. Concédeme la sabiduría para seguirte y recibe la alabanza para el trabajo que quiere moldearme. Amén.

12 DE JUNIO

Nuestros Padre Dios,

El dador de la vida, el dador de la esperanza, el conservador de los géneros humanos, prósperas nuestros caminos. Señor, te agradezco que tus maneras está más allá de nuestros entendimientos, pero tu amor está presente siempre y eterno en nosotros. Podemos venir a ti en todos tiempos y revelar todos nuestros secretos. Siempre estás listo para escuchar a nuestros súplicas. Guíame este día y ayúdame a honrarte. *Amén.*

13 DE JUNIO

Querido Padre celestial,

Te agradezco por tu bondad infinita y tu cuidado. Has decidido a crearme y prosperar todos mis caminos con tu misericordia. Me has creado para realizar tu amor. Ayúdame para dar mi mismo completamente a ti para úsame por tu servicio. *Amén.*

14 DE JUNIO

Querido Padre celestial,

Eres el origen de la esperanza; incluso cuando el mundo se parece mal, podemos tener confianza en ti que puedes salvarnos. Te agradezco por la demostración de tu salvación en el pasado y tu promesa en el futuro. Ayúdame para amarte, Señor. *Amén.*

15 DE JUNIO

Querido Padre celestial,

Eres tan perfecto que toda tu creación le proclama. Te agradezco por el privilegio para disfrutar tu creación. Te adoro por el beneficio a disfrutar tu misericordia. Dependo en ti por la esperanza de salvación y el don de la vida eterna. Rezo que vas a usarme como quieras. *Amén.*

16 DE JUNIO

Querido Padre celestial,

Te agradezco que has establecido la esperanza en nosotros y nos has convencido que todas cosas trabajan por la bondad de estos que tienen confianza en ti. Enséñame para tener confianza en ti y para recordar que eres la autoridad. Ayúdame para alabar y regocijarse este día y para eternidad. *Amén.*

17 DE JUNIO

Querido Padre celestial,

Levanto mi voz a ti, Señor. Ofrezco mi alabanza a ti. Buscas para mi muy antes de darme cuenta. Eres consciente de mi incluso cuando no soy consciente de ti. Te agradezco por tu bondad y amor y rezo que tu Espíritu Santo vas a guiarme este día. *Amén.*

18 DE JUNIO

Querido Padre celestial,

A tu voluntad, vengo para plantar una otra semilla. A tu misericordia, lo que será alimentado y regado. A tu amor, lo va a crecer y fructificar y las personas que tienen hambre recogerá la comida a esta semilla. Las personas cansadas lo encontrará el descanso y los pájaros lo encontrará un lugar para hagan sus nidos. Señor enamorado, prospera el trabajo de tu criado. *Amén.*

19 DE JUNIO

Querido Padre celestial,

Te agradezco que eres misterio y no puedes ser comprensible, pero a través de tu amor, puedes ser conocido. Tienes cuidado por todas que vienen a ti. Contestas todos los oraciones de los que llaman a ti. Vengo a ti también para alabarte para quien que eres y pido que vas a mantenerme en tu voluntad divina. *Amén.*

20 DE JUNIO

Padre eterno,

Todos corazones y todos deseos están conocidos a ti; ningunos secretos están escondidos a ti. Te agradezco que sabes mis deseas y el camino para guiarme en la manera que es el mejor para mí. Concédeme la sabiduría para aceptar tu voluntad. *Amén.*

21 DE JUNIO

Querido Padre celestial,

Es muy fácil para te olvidamos, pero siempre estás consciente de nosotros y estás proveído para nuestros bienestar. Has preparado las cosas buenas en esta vida y en la vida después cuando nos llamas para estar contigo, te agradezco por eso. *Amén.*

22 DE JUNIO

Padre eterno,

Te agradezco por el progreso en mi trabajo, tu guía y tu amor eterno. Te agradezco por la habilidad para pensar y planificar y para entender el propósito de todas cosas vivas. Eres el autor de la fuerza creativa. Guíame, Señor, para cumplir tu diseño este día. *Amén.*

23 DE JUNIO

Querido Padre celestial,

Te agradezco por tu bondad en el mundo. Puedo mirar el cumplimiento de tu voluntad. Deseas que vamos a rendir nuestros mismos a ti para cumplir tu voluntad divina en nuestras almas y para tener el reino de Dios en la tierra en la manera que es en el cielo- ayúdame este día, Señor, para seguir tu guía para el cumplimiento de tu voluntad divina. *Amén.*

24 DE JUNIO

Querido Padre celestial,

Haga tu voluntad divina en mi como que quieras. Concédeme la gracia para rendir a ti. Guiarme, Señor, en los caminos rectos y ayúdame para servirte en una manera recta. Estoy honrado que me has elegido. Ayudame para saber que tu promesa para morar conmigo es real. Ayúdame este día para honrarte. *Amén.*

25 DE JUNIO

Padre eterno,

Te agradezco por la misericordia durante mis viajes. Te agradezco por la seguridad que estarás conmigo durante todos mis viajes. Estoy consciente de tus brazos para recibirme si me caigo. Ayúdame para siempre poner mi confianza en ti y para cumplir tu voluntad. *Amén.*

26 DE JUNIO

Padre eterno,

Nos envías la inspiración y apoya a través de Tu Palabra y nos guardas a través de tu Espíritu Santo. Te agradezco que eres confiable. Nos guardas en los momentos difíciles y fáciles y siempre estás cerca para sostenernos. Estar cerca de mí este día, Señor, y ayúdame para sentir tu presencia. *Amén.*

27 DE JUNIO

Querido Padre celestial,

Tu amor es eterno y tu verdad aguanta a través de todas las generaciones. Ayúdame este día para hablar tu verdad y para ayudar los que están tristes. Ayúdame para demostrar tu amor por los otros. Ayúdame para trabajar en tu voluntad divina. *Amén.*

28 DE JUNIO

Querido Padre celestial,

Te agradezco por la guía de tu Espíritu Santo quien que ponen las ideas buenas en mi. Te agradezco que puedo depender en ti para ayudarme en todas las circunstancias. Ayúdame este día para tener confianza en ti. Ayúdame para cumplir tu voluntad. Demuestras tu voluntad a través de mi vida. *Amén.*

29 DE JUNIO

Querido Padre celestial,

Has hecho más por mi que puedo imaginar o nombrar. Estás consciente de mí más que puedo estar de mi mismo. Te agradezco por la demostración de tu compasión y pido que vas a mantenerme cerca de ti. Ayúdame para escoger el mejor y ayúdame para cumplir tu voluntad divina. *Amén.*

30 DE JUNIO

Padre eterno y el Dios de mi,

Eres nuestros la última defensa, la última ayuda, el último camino. Nos has creados para conocerte a el Creador, el Redentor y el Señor. Te agradezco que Tú me has revelado la verdad. Ayúdame este día para vivir en ti. *Amén.*

Julio

1 DE JULIO

Querido Padre celestial,

Te agradezco por un día nuevo y una mes nueva. Has estado mi lugar seguro a través de mi vida. Te dependo para mi futuro. Ayúdame, Señor, para honrarte en todo lo que hace y dame la gracia para saber tu voluntad. Soy tuyo, Señor, y que vas a mantenerme en tu camino recto, yo rezo. *Amén.*

2 DE JULIO

Querido Padre celestial,

Te agradezco, Señor, por el privilegio de la vida y toda tu compasión. Te agradezco por mi fe en ti y la provisión de tu confort. Te alabo porque tengo la demostración de tienes cuidar por mi. Ayúdame, Señor, para servirte con toda mi alma. Guíame este día, yo rezo. *Amén.*

3 DE JULIO

Querido Padre celestial,

Sabes lo que es buena para mi y lo proporcionado. Tienes mi interés mejor en mente y has prometido que no te desampararé ni te dejaré. Te agradezco por tu amor. Te agradezco que puedo depender en ti para guiarme en el camino de la verdad. Ayúdame para siempre confiar en ti. Concédeme la gracia para saber y cumplir tu voluntad divina. Amén.

4 DE JULIO

Padre eterno,

Te agradezco que siempre estás cerca para proveer el confort y la guía. Siempre estás lista para guiar en el camino de verdad. Ayúdame, Señor, para sentir tu presencia y progresar con la seguridad que estoy cumpliendo tu voluntad. Cumplir tu propósito en mí este día. *Amén.*

5 DE JULIO

Querido Señor Jesús,
Te agradezco por tu alma buena, para revelar el corazón del Padre a nosotros y tu promesa que. no te desampararemos, ni te dejaremos. Todo lo que deseas es que vamos a aceptar tu al Salvador y el Señor y quieres cumplir tu propósito en nosotros. Estar conmigo este día, yo rezo. *Amén.*

6 DE JULIO

Querido Padre celestial,
Te agradezco que estás con nosotros y tienes cuidado por nosotros. Tu amor es nueva cada mañana. Ya sabes el fin del día; lo me ayuda para honrarte en todo momento. Ayúdame para regocijo en ti y mantenerme cerca todos minutos. *Amén.*

7 DE JULIO

Querido Padre celestial,
Vengo a ti para la sabiduría y lo eres el origen. Eres el camino. Guíame este día con tu Espíritu Santo para puedo pensar, hablar y actuar de acuerdo con tu verdad. Úsame para avanzar tu reino en la tierra, yo rezo en tu Nombre divino. *Amén.*

8 DE JULIO

Querido Padre celestial,
Reclamo tu bendición tu amor eterno y tu paz eterna este día nuevo. Me proteges con tu gracia y tu bondad. Rezo que recibirás mi agradecido y ayúdame para alabarte en todas cosas. *Amén.*

9 DE JULIO

Querido Padre celestial,

Te agradezco por la revelación de tu paternidad y por el don de tu hijo Jesús. Te agradezco por tu salvación a todos que reconocerte. Te agradezco que tu verdad sostiene a través de todas las generaciones. Ayúdame este día para tener una relación más cerca de ti. Rezo que te honraré en todo lo que hago, yo rezo. *Amén.*

10 DE JULIO

Querido Padre celestial,

Te agradezco por tu bondad tu amor y que me has creado y me has dado el conocimiento de ti. Ayúdame, Señor, para honrarte en todas cosas y úsame conforme a tu voluntad. *Amén.*

11 DE JULIO

Querido Padre celestial,

Has ordenado mi vida y lo llenas con actividad. Me has llamado a servirte en las maneras que escogieron. Guíame, Señor, para permanecer en ti para bendecirás todo lo que hago. Llenas mi vida con alabanza y úsame como quieras. *Amén.*

12 DE JULIO

Querido Padre celestial,

Sabes todas cosas pero sabes nuestros limitaciones también. Eres bien pero aceptarnos con nuestros fracasos. Nos amas al todo tiempo, pero aceptarnos incluso cuando odiamos. Te agradezco por tu mismo y me comprometo a dedicarme a ti también para servirte y conformar a tu voluntad. *Amén.*

13 DE JULIO

Querido Padre celestial,
Te agradezco por la vida y los posibilidades de lo. Te agradezco que estás consciente de mi durante todo el camino. Te agradezco que tu presencia eterna me rodea cada día y protegerme cuando salir y llegar. Ayúdame para honrarte siempre, yo rezo. *Amén.*

14 DE JULIO

Querido Padre celestial,
Debo toda lo que soy y toda será. Has navegado mi curso y me has mantenido a través de tu gracia. Continuas a sostenerme y dame la paz. Úsame este día y ayúdame para alabar tu Nombre. *Amén.*

15 DE JULIO

Querido Padre celestial,
Te agradezco que eres recto y cuando ponemos nuestros confianza en ti y conforme a tu voluntad, podamos apreciar tu verdad completamente. Te agradezco que puedo tener confianza en ti para cumplir tu propósito en mí y me doy mi mismo a ti también. Quiero que estarás satisfecho a cumplir tu voluntad en mi. *Amén.*

16 DE JULIO

Querido Padre celestial,
Te agradezco por un realizacion más claro de tu amor y los lecciones de fe que has dado. Hágame mejor para entender tu trabajo y crea más fuerte el fe en mi. Deseas mi alma en total y estás dispuesto a hacerme completa. Úsame como quieras, yo rezo. *Amén.*

17 DE JULIO

Querido Padre celestial,

Te agradezco por el privilegio de la vida y todos los beneficios de lo. Has ordenado mi alma y has navegado su curso. Siempre estás cerca para sostener y guiarme. Ayúdame para reconocer tu bondad y siempre hacer tu voluntad. Guíame en tu servicio este día, yo rezo. *Amén.*

18 DE JULIO

Querido Padre celestial,

Ayúdame para ser constante en mi amor y servicio a ti. Fijé mi corazón en el propósito a cumplir tu voluntad y para buscar por las acciones que te van complacer. Permite tu Espíritu Santo a guiarme para puedo cumplir tu voluntad. Usame siempre, yo rezo. *Amén.*

19 DE JULIO

Querido Padre celestial,

Eres el origen de la vida y el navegador de mi camino. Has ordenado todo lo que haceré para ti este día. Ayúdame para sentir tu presencia en mi alma y para demostrar tu amor afuera para las personas van a ver mi trabajo que te glorifica. *Amén.*

20 DE JULIO

Querido Padre celestial,

Sabes todos mis movimientos, entiendes todas mis ideas y conoces todas mis maneras. Sabes todos antes de puedo decirlo, pero siento satisfecha cuando vengo a ti. Encuentro la claridad cuándo presentar mis preocupaciones a ti y me has confortado. Escucha mi oración para la fuerza este día Señor y ayúdame para cumplir tu voluntad. *Amén.*

21 DE JULIO

Querido Padre celestial,
Creas todos los animales en sus propios tipos y se das partes de alabanza en todo tu creación. Vengo también para honrarte por tu creatividad. Te agradezco que haces todas cosas bien y cuando colocamos nuestras vidas en tus manos, podemos convertir en más que nuestros expectaciones. *Amén.*

22 DE JULIO

Padre eterno,
Me permites a escribir en las hojas las palabras, las acciones y las deseas que dedico a ti. Vengo también para escribirlas nuevas y para la promesa de mi esperanza sincera es para cumplir tu voluntad. Concédeme la sabiduría para saber tu voluntad y me provees con la fuerza para hacerlo. Ayúdame cuando estoy terminado que haya hecho mi obligación. *Amén.*

23 DE JULIO

Querido Padre celestial,
Eres el origen de toda la sabiduría; vengo también para pedirte por la instrucción y la guía. Te necesito cada minuto de cada día y dependo en tu gracia para sostenerme. Ya sabes todos los obstáculos de este día y ayúdame para gestionarlos en tu Espíritu Santo. Usame como quieras, yo rezo. *Amén.*

24 DE JULIO

Querido Padre celestial,
Eres el padre de todos y entiendes todos mis necesidades. Has proporcionado por mi en el pasado y continuas a derramar sus

bendiciones sobre mi. Ayúdame para confiar en ti por el futuro donde que ya lo estás. Recibe mi agradecimiento este día, yo rezo. *Amén.*

25 DE JULIO

Querido Padre celestial,

Es solamente a tu gracia que estamos salvados. Estoy consciente de tu bondad, Señor, y tu compasión gentil. Ayúdame para permanecer en ti que tu río de vida va a fluir en mi para darme vivificamiento y fuerza para cumplir tu voluntad divina. *Amén.*

26 DE JULIO

Querido Padre celestial,

Guardar nuestros secretos y sabes todo sobre nosotros pero continuas a cuidar por nuestros todos. Te agradezco que todos corazones están abiertos y todos deseos están conocidos a ti. Ya sabes mi futuro y ya has planeado cosas buenas por mi; ayúdame para confiar en ti y vivir por ti cada día. *Amén.*

27 DE JULIO

Querido Padre celestial,

Te agradezco por todo lo que eres, por todo lo que estarás y por tu promesa eterna que vas a estar conmigo hasta del fin del mundo. Me ofrezcas confort y la esperanza. Me concedes la seguridad y la confianza. Tu compasión es eterna y estoy agradecida por ti. *Amén.*

28 DE JULIO

Querido Padre celestial,

Tu misericordia es eterna y tu verdad sobrevive a través de todas las generaciones- estoy agradecida. Te agradezco que estás presente por mi y tengo la ayuda de tu Espíritu Santo por mi alma para me asegura que soy tuyo. Ayúdame para sentirse cerca este día y ayúdame vivir por ti en todo lo que hago. *Amén.*

29 DE JULIO

Querido Padre celestial,

Me has establecido y me has dado las oportunidades y privilegios que vienen a mi cada día. Te agradezco, Señor. Cuando estoy aprendido más de tu amor- no solamente por mi, pero por todos- ayúdame, yo rezo, para traducir el conocimiento en un lenguaje por los otros podrán conocerte más. *Amén.*

30 DE JULIO

Querido Padre celestial,

Nos has proveedo el perdón y nos has enseñado a perdonar a nuestros deudores. Dame el espíritu de perdón para recordar todo lo que hacías por mi y para puedo perdonar los otros. Guíame en los caminos rectos por tu Nombre divino. *Amén.*

31 DE JULIO

Querido Padre celestial,

Vengo por ti para la guía y pido que vas a mostrarme el camino. Ayúdame para no pasar adelante antes de tu ayuda. Cumplir tu voluntad en tu tiempo divino y ayúdame para alabarte continuamente. Eres muy bueno a mi y siento la satisfecha dulce en la confianza en ti. Vives en mi, yo rezo. *Amén.*

Agosto

1 DE AGOSTO

Querido Padre celestial,

Te agradezco, Señor enamorado, por tus maravillosas obras por mi. Me guías en los caminos rectos y me haces mi corazón alabar tu bondad. Te agradezco que eres confiable y por tu misericordia eterna. Mantenerme cerca de ti, yo rezo. *Amén.*

2 DE AGOSTO

Querido Padre celestial,

Te agradezco que has revelado tu mismo a través de tu hijo Jesús, mi Salvador. Te agradezco por tus promesas que están en Tu Palabra y que los cumplidos a tu Espíritu Santo. Alegro en tu bondad y la gloria en tu amor. Usame este día para honrarte. *Amén.*

3 DE AGOSTO

Padre eterno,

Te agradezco por tu compasión y tu bondad. Estás más consciente de mi que puedo estar de mi propio mismo. Has proveedo todo lo que he necesitado y me has prometido que proveerán todo lo que necesito. Te agradezco y alabarte. Ayúdame para vivir por ti. *Amén.*

4 DE AGOSTO

Querido Padre celestial,

Eres el fuente de todo bendicion, el origen de todo lo que bueno. Te agradezco por el privilegio para saber que cuidas por mi y provees todos mis necesidades. Me mantienes cerca de ti este día y ayúdame para vivir por ti para alabar tu Nombre. *Amén.*

5 DE AGOSTO

Querido Padre celestial,

Estás abajo de todos y tienes una corona de la majestad y la gracia. Nos has revelado tu propio mismo a través de tu hijo Jesucristo. Declaras que al que a tí viene, no le echas fuera. Vengo a ti para alabarte por todo lo que eres. *Amén.*

6 DE AGOSTO

Querido Padre celestial,

Me da alegría para venir por ti también. Para alabar tu Nombre me da la paz. Cuando honrarte, entiendo el origen de mi ser. Recibes mi agradecimiento una vez más para todo lo que eres a mi. Eres la razón más significado en el mundo que viviría y amaría. Usame este día para cumplir tu voluntad, yo rezo. *Amén.*

7 DE AGOSTO

Querido Padre celestial,

Eres el origen de nuestras almas y derramas tu compasión gentil y tu gentileza a mi. Te agradezco por el privilegio para venir a ti. Revelas tu voluntad divina a través de tu Espíritu Santo este día y dame la sabiduría para cumplir tus deseos. Escucha mi oración, pido en tu Nombre. *Amén.*

8 DE AGOSTO

Querido Padre celestial,

Te agradezco por un otro día bueno. Te alabo tu Nombre por tu gracia que extendido y tu promesa que sobrevive. Ayúdame para estar consciente de ti y dame la sabiduría para saber tu voluntad. Usame, Señor, para mostrar tu amor y concedeme tu paz. *Amén.*

9 DE AGOSTO

Querido Padre celestial,

Me has dado una razón para agradecerte por tu protección. Me mantuve alejado de los problemas y la tragedia. Te agradezco que has sido mi cuidandero. Se apiade en los que sufren Señor y ayúdame para consolarnos. *Amén.*

10 DE AGOSTO

Querido Padre celestial,

Eres el origen de mi fe y la esperanza de mi vida. Me conoces y me cuidas. Ayúdame Señor para tener confianza en ti y dame la fe para saber que todas cosas trabajan por bueno para los que tienen confianza en ti. Guíame este día y ayúdame para cumplir tu voluntad. *Amén.*

11 DE AGOSTO

Padre eterno,

Tenemos nuestros ser en tu para vivir y mover. Nos has elegidos por tu misma razón. Concédeme la sabiduría para servirte recto este día. Ayúdame para demostrar tu bondad y tu amor. Ayúdame para vivir a un demostración de ti a través de la guía de tu Espíritu Santo. Usame este día, yo rezo. *Amén.*

12 DE AGOSTO

Querido Padre celestial,

A ti es la gloria, el honrar y la alabanza por tu cuida y tus compasiones gentiles. Eres constante con amor eterno y el perdón eterno. Podemos depender en ti para performar los milagros como quieras. Te agradezco, Señor, que sabes todas cosas y ningunas cosas están escondidos a ti. Ayúdame para permanecer en ti este día. *Amén.*

13 DE AGOSTO

Querido Padre celestial,

Abres la fuente del amor, conocimiento y la sabiduría por los que eliges. Te seleccionamos personas diferentes para cumplir trabajo vario. Me comprometo personalmente a ti este día y pido que vas a estarás satisfecho para usarse. Ayúdame a seguirte y cumplir lo que desees. *Amén.*

14 DE AGOSTO

Querido Padre celestial,

Dame la fuerza, el conocimiento y la sabiduría por este día. Ayúdame para sentir tu presencia conmigo y me permites a trabajar abajo de la guía de tu Espíritu Santo. Te necesito cada minuto de cada día-ayúdame para cumplir mis obligaciones con tu ayuda. Dependo en ti, Señor. *Amén.*

15 DE AGOSTO

Padre eterno,

Eres amor y nos has dado tu propio mismo. Has revelado tu mismo a través de tu hijo Jesús quién es nuestro ejemplo de la esperanza-te agradezco, Señor, por este regalo divino y por el conocimiento que quien recibe Jesús estará salvado siempre. Te agradezco por esto privilegio. *Amén.*

16 DE AGOSTO

Padre eterno,

Te agradezco que puedo confiar en ti en todas cosas. Sabes todo y has prometido que guardar lo que nos comprometes. Querido Señor, has dado más por mi que puedo pedir o pensar. Te agradezco. Pongo mi confianza en ti con la seguridad que vas a hacer lo que quieras. *Amén.*

17 DE AGOSTO

Padre eterno,

Eres eterno con amor eterno. Ayúdame para venir a ti en una manera que no es rutina pero para saber que tu amor es nueva cada mañana. Llename con vivificante y el celo para usar todo nuevo día a una oportunidad para servirte. Usame este día, yo rezo. *Amén.*

18 DE AGOSTO

Padre eterno,

Te agradezco que has derramado un bendición a través de tu compasión. Ayúdame para usar tus regalos completamente para honrar y glorificar tu Nombre. Padre eterno, guía mi camino y ayúdame a no pasar adelante antes de tu ayuda. Usame completamente en tu servicio, yo rezo. *Amén.*

19 DE AGOSTO

Querido Padre celestial,

Conoces mi cuerpo y entiendes que soy polvo, pero has escogido a amarme y usarme por tu servicio. Me has bendecido con el conocimiento que eres un padre amantísimo que das tus hijos la misericordia. Riendo mi mismo a ti este día. Usame como quieras. *Amén.*

20 DE AGOSTO

Querido Padre celestial,

Sostiene el universo en su propio lugar y lo controlas su organización. Nos sentidos un terremoto y estamos recordados a nuestros desamparado. Dios, estás en la cambia y rendimos nuestros mismos a tí, nos pidiendo por tu compasión y que nos puedes permanecer en tu gracia. *Amén.*

21 DE AGOSTO

Querido Padre celestial,

Tu Palabra es una luz por mis pies y de mi camino. Lo más que estudiar Tu Palabra, la más es moderna. Se habla a mi condición. La encuentro el confort. La encuentro la razón por mi existencia y más del propósito de la vida por los que tienen confianza en ti. Ayúdame para tener confianza en Tu Palabra realmente y para firmar tus promesas fuertes. Guíame este día, yo rezo. *Amén.*

22 DE AGOSTO

Querido Padre celestial,

Sabes y entiendes todo sobre nosotros- te agradezco que puedo obtener tu amor. Eres todo que necesito y estoy seguro en ti. Concédeme un corazón agradecido realmente y ampliar mi fe. Ayúdame para seguirte y alabarte en todas las circunstancias. Úsame como quieras, yo rezo. *Amén.*

23 DE AGOSTO

Querido Padre celestial,

Te agradezco que tu misericordia es eterna por mi. Te agradezco que estás lista para mantener y soportarme y más que guiarme en todas las circunstancias. Ayúdame para estar consciente de tu presencia este día y acercarme más a ti. *Amén.*

24 DE AGOSTO

Querido Padre celestial,

A tí es la gloria, el honrar y la alabanza. Es bueno para conocerte y saber que tienes cuidado por mi. Te agradezco por todo que eres. Alegro en ti en este día nuevo y puedo sentir tus bendiciones a mi. Ayúdame este día para alabarte y glorificarte. Úsame como quieras. *Amén.*

25 DE AGOSTO

Querido Padre celestial,

Te agradezco por una oportunidad más para alabarte, por un otro momento para amarte y por un otro día para lo usar por ti. Cumplir tu propósito en mí y causa una parte más de tu reino a cumplir un poquito más de tu expectación. En tu Nombre enamorado, yo rezo. *Amén.*

26 DE AGOSTO

Querido Padre celestial,

Te agradezco que estás en el futuro el mismo tiempo que has estado en el pasado y estás en el presente. Te agradezco que todos los momentos son tuyos. Puedo enfrentar el día con tu seguridad y tu presencia que vas a estar conmigo a través de todo. *Amén.*

27 DE AGOSTO

Querido Padre celestial,

Te reconozco porque me has dado tu Espíritu Santo. Has revelado tu amor en tu hijo Jesucristo y me has salvado al sufrimiento de la muerte eterna a establece la vida eterna en Cristo. Ayúdame Señor para vivir en tu vida este día y siempre. *Amén.*

28 DE AGOSTO

Querido Padre celestial,

Te agradezco por tu propio mismo y por todo que eres a mi. Has sido consciente de mi antes del principio y continuas a ser consciente de mi ahora. Te agradezco, Señor, que has ponido tu mano en mi y me has elegido por tu propósito divino. Concédeme la sabiduría y la gracia para cumplir tu plan y para darte la gloria. *Amén.*

29 DE AGOSTO

Querido Padre celestial,

Eres el origen de toda la consciencia y la sabiduría. Has imitado tu propio mismo en tu hijo Jesucristo para podemos entender tu amor. Ayúdame este día para vivir en ti. Trabaja tu voluntad en mi y guíame en el camino de la verdad. *Amén.*

30 DE AGOSTO

Querido Padre celestial,

Sabes todo y no hay secretos que están escondidos a ti. Abierto mi corazón a ti por la posibilidad que tu amor eterno pudiera llenarme. Sabes mi deseo para amarte y servirte. Enséñame tu manera para puedo hacer tu voluntad. Guíame este día y ayúdame para honrarte. *Amén.*

31 DE AGOSTO

Dios eterno con amor eterno,

Te agradezco por tu protección y por el deseo para venir a ti. Te agradezco que no hay satisfecha en una otra y que siempre estás listo para recibirlos que llamarte en la verdad. Ayúdame para permanecer en ti para puedo traer resultados de mi trabajo valorados de tu alabanza. *Amén.*

Septiembre

1 DE SEPTIEMBRE

Querido Padre celestial,

Quiero hacer tu voluntad y no pasa adelante sin tu ayuda. Has navegado el curso de este día. Guíame en tus caminos y ayúdame a cumplir todo lo que has designado. Padre eterno, sostiene mi mano y guíame en los caminos de la verdad. Ayúdame para honrarte este día. *Amén.*

2 DE SEPTIEMBRE

Padre eterno con amor eterno,

Te agradezco por tu creación y tu provisión. Te agradezco que has haga posible para conocerte y encuentra cumplimiento en ti. Te agradezco que tienes compasión a todos que son justos e injustos, pero Señor, te agradezco que me has salvado. *Amén.*

3 DE SEPTIEMBRE

Querido Padre celestial,

Nos has dado tu hijo Jesucristo para acercarnos a ti. Te agradezco por la revelación de amor y la vida a través de Cristo. Te agradezco que eres el padre de nosotros y por la esperanza de la vida eterna. Ayúdame, Señor para alabarte por todo que eres y para servirte con toda mi vida. *Amén.*

4 DE SEPTIEMBRE

Padre eterno,

Me has hecho la capacidad por ti y el deseo por ti no está satisfecha hasta vaya a ti y siento tu presencia. Señor enamorado, te agradezco por el confort de tu presencia no importa cuáles sean las circunstancias. Tienes eternidad, tu Nombre es santo y quiero que vas a llenarme con tu presencia. *Amén.*

5 DE SEPTIEMBRE

Padre eterno,

Te agradezco también, Señor, por tu bondad, tu cuidado y tu misericordia gentil. Si quieras un sacrificio, lo daría, pero solamente pides por un corazón humilde y contrito. Vengo a ti para rendir mi mismo en frente de tu trono y pido que vas a recibirme. *Amén.*

6 DE SEPTIEMBRE

Padre eterno,

Siempre puedo venir a ti, siempre me recibirás y me escucharás. Te agradezco por tu amor. Te necesito por la guía cuando quiero cumplir tu voluntad que proclama tu bondad y Tu Palabra. Ayúdame en mi vida para ser consciente de tu presencia. Usame este día. *Amén.*

7 DE SEPTIEMBRE

Padre eterno,

Eres el dador de la vida, el origen del amor, nuestros confort eterno y Dios, te agradezco que puedo venir a ti también para alabarte. Te agradezco que tu amor es eterno y tu verdad sobrevive a través de todas las generaciones. Ayúdame para obedecer tu llama y para glorificar tu Nombre cuando quiero cumplir tu voluntad este día. *Amén.*

8 DE SEPTIEMBRE

Querido Padre eterno,

Me conoces en todo, sabes mis ideas en total y conoces mis maneras. Me conoces más que puedo conocer mi propio mismo. Te agradezco por tu amor incluso cuando que no merezco tu amor. Usame este día, yo rezo. *Amén.*

9 DE SEPTIEMBRE

Querido Padre celestial,

El creador del cielo y la tierra, el dador de la vida y todos los regalos buenos y perfectos, conservador de todas personas que llaman a ti, te agradezco por tu bondad y tu amor. Sabes todos mis deseos y entiendes mis ideas. Ayúdame Señor a seguirte y siempre cumplir tu voluntad. *Amén.*

10 DE SEPTIEMBRE

Padre eterno,

Te agradezco que puedo venir a ti, puedo llamarte "padre" y puedo llamarte mi amigo a través de tu gracia. Conoces mi cuerpo y entiendes que soy polvo, pero me amas. Ayúdame Señor a servirte en una manera recta. *Amén.*

11 DE SEPTIEMBRE

Padre eterno,

Has establecido el fe en mí, me has permitido a usarlo y has dado los mártires que firmaban a ti. Continuar a mantenerme cerca de ti, Señor. Ayúdame para declararte a mis amigos para pueden entender que eres un Dios de amor. *Amén.*

12 DE SEPTIEMBRE

Querido Padre celestial,

Esto es un nuevo día y soy una página en blanco que está listo para escribir con la tinta permanente de tu historia. Imprime en mi la historia que quieres por esta parte del mundo a ayúdame a serte fiel cuando entregarlo. Usame como quieras, yo rezo. *Amén.*

13 DE SEPTIEMBRE

Padre eterno,

Nos has sonreído con tu gracia y nos has dado el privilegio a llamarte Señor. Te agradezco por tu bondad, tu cuidado y tu compasión. Ayudame a saber y cumplir tu voluntad. Ayudame a servirte en el espíritu y en la verdad. Camina conmigo y acércame a ti. *Amén.*

14 DE SEPTIEMBRE

Dios eterno con amor eterno,

Vengo a ti también para agradecerte por tu gracia, por tu propio mismo y por el deseo en mi para acercar a ti y amarte. Satisface mi alma anhela y da el propósito de toda la vida. Has manifestado tu abundancia en todas cosas, ayúdame a alabarte siempre. *Amén.*

15 DE SEPTIEMBRE

Padre eterno,

Eres el dador de todos regalos buenos y perfectos, el proveedor de la manera que pueden conocerte, constructor de tu reino en los corazones de los géneros humanos y el dador de la vida eterna que todas que ponen su confianza en ti. Te agradezco por todo que eres a mi y pido que cumplirás tu voluntad en mi. *Amén.*

16 DE SEPTIEMBRE

Querido Padre celestial,

El dador de la vida, el escritor del amor, el proveedor de la misericordia, el dador de la gracia; nos has creado por tu propósito, pero nos habíamos descarriado como las ovejas perdidas. Tu bondad es todavía derramada en nosotros, dios querido. Ayúdame este día para realizar más de tu amor por mi. *Amén.*

17 DE SEPTIEMBRE

Padre eterno y nuestros Dios,

Nos has creado en tu sabiduría y la capacidad para recibirte. Te agradezco por el regalo de tu Espíritu Santo que proveemos el confort, la guía y la enseñanza de tu voluntad. Te agradezco, Dios, que no importa las circunstancias, estás allí si llamemos a ti. Guíame este día, yo pido. *Amén.*

18 DE SEPTIEMBRE

Querido Padre celestial,

Vengo a ti también para darte gracias por todo que eres, por el cuidado amoroso de tu criado y por la paz y el confort que puedo encuentren en ti. Te agradezco que la plenitud de la vida y que todo necesito hacer es para confiar y caminar humilde con ti. Usame este día, yo rezo. *Amén.*

19 DE SEPTIEMBRE

Querido Padre celestial,

Dependo en ti por la guía. Te necesito cada hora. Quiero hacer tu voluntad y cumplir tu plan para mi. Ayudame como que beneficiar a la guía de tu Espíritu Santo y dame la gracia para saber que estás conmigo incluso cuando es difícil para saber. *Amén.*

20 DE SEPTIEMBRE

Querido Padre celestial,

Nos da la victoria pero estás contenta para regocijarse con nosotros. Nos has hecho felíz nuestros corazones. Te agradezco, Señor enamorado, por la revelación de tu amor, tu cuidado y tu bondad. Mi corazón y mi voluntad están firmados en ti. Hágame tuyos en realidad. *Amén.*

21 DE SEPTIEMBRE

Querido Padre celestial,

Vengo a ti también para darte gracias por toda tu bondad a mi. La evidencia de tu amor y tu cuidado están alrededor a mi. Estás conmigo en todos los lugares y me llena tu presencia con alegría. Rezo que vas a aceptar mi agradecimiento fuerte y ayúdame en todas cosas para honrarte. *Amén.*

22 DE SEPTIEMBRE

Querido Padre celestial,

Has dado más tiempo para puedo alegrarte. Has dado más de tus bendiciones para puedo se regocijar. Estás trabajando con tu propósito para todos los humanos pueden reconocerte. Por estos todos, darte gracias. *Amén.*

23 DE SEPTIEMBRE

Querido Padre celestial,

Es bueno para confiar en ti. Estás en la eternidad, tu Nombre es santo y habites en el lugar alto y santo pero permaneces en el corazón de la persona contrita. Todas cosas consisten en ti y me has dado el privilegio a alabarte en tu diseño grande. Estás conmigo este día, yo rezo. *Amén.*

24 DE SEPTIEMBRE

Padre eterno,

Nos has creado para conocerte y nos has dado la habilidad y el deseo para buscar por ti. Somos inquietas hasta de encontrarte. Te agradezco por la revelación de tu mismo a través de tu hijo Jesucristo. Respira en mí tu Espíritu Santo y ayúdame para amarte. *Amén.*

25 DE SEPTIEMBRE

Querido Padre celestial,

Tu Palabra es real, Tu palabra es la verdad. No tengo miedo porque mi corazón está fijado en mi confianza en ti. Dame la sabiduría para gestionar las situaciones del día en tu Espíritu Santo. Concédeme la gracia para hacer mis maneras honorables por ti. Concédeme el amor para representar tu en mi vida. *Amén.*

26 DE SEPTIEMBRE

Querido Padre celestial,

Te agradezco por elegirme a ser un parte de tu plan. Ayúdame a entender que quiere decir tu propósito que está presentado a mi este día. Concédeme la sabiduría, el conocimiento y el entendimiento para hacer las cosas agradables a ti. Toma la alabanza por tu mismo, yo rezo. *Amén.*

27 DE SEPTIEMBRE

Querido Padre celestial,

Te agradezco, Dios, por la belleza de la tierra, la gloria del cielo y el amor que estaba allí desde el principio. Te agradezco por tu bondad y tu cuidado, tus promesas y tu plan y por todas las posibilidades que tienes por mí. Úsame como quieras. *Amén.*

28 DE SEPTIEMBRE

Querido Padre celestial,

No entendemos por qué ocurren las tragedias. Nosotros confundiremos a cuánto control tienes en el ejercicio de todas cosas en todo tiempo. No tenemos todas las respuestas. Sin embargo, nos has enseñado a confiar en ti y nos has dado tu hijo Jesús. Permanecemos en tu gracia, yo rezo. *Amén.*

29 DE SEPTIEMBRE

Padre eterno,

Te agradezco que sabes el mejor por mi y lo me guía en tu Espíritu Santo. Muchas veces, el camino es largo y difícil y mi mente está llena de duda. Sin embargo, nunca me dejarás ni me desamparás y puedo regocija en tu guía. Guíame este día, yo rezo. *Amén.*

30 DE SEPTIEMBRE

Padre eterno,

Te necesito siempre y estás disponible y demuestras tu amor en muchas maneras en tu fidelidad. Tu bondad es eterno y tu verdad sobrevive en todas las generaciones. Me tenga en tu plan y concédeme la sabiduría y la fuerza para cumplir tu voluntad. *Amén.*

Octubre

1 DE OCTUBRE

Querido Padre celestial,

Has contado mis días y has navegado mi curso. Te agradezco que siempre estás a mi lado para guiarme. Estás más cerca de la respira y de mis manos y pies. Te prometa mi vida para servirte y pido que estarás satisfecho a usarme. *Amén.*

2 DE OCTUBRE

Padre eterno,

Concédeme la actitud recta, las palabras correctas y la voluntad submisiva para rezar a ti. Solamente quiero hacer lo que deseas para te usará en tu servicio. Dame la sabiduría para seguirte y hace consciente mi mente en ti. *Amén.*

3 DE OCTUBRE

Querido Padre celestial,

Te agradezco también por tu amor y la misericordia a mí. Te agradezco que siempre estás consciente de mi y siempre estás dispuesto a recibir mi llamado. Mantenga cerca de mi y dame la oportunidad para servirte completamente. Guíame en el camino recto, yo rezo. *Amén.*

4 DE OCTUBRE

Querido Padre celestial,

Nos has prometido tu Espíritu Santo que nos enseñará todas cosas y va a interceder por nosotros. Reclamo tu promesa y te agradezco por tu bondad. Ayúdame para cumplir tu voluntad y ser fidelidad a ti. *Amén.*

5 DE OCTUBRE

Querido Padre celestial,

Te agradezco por tu bondad, tu cuidado, tu compasión gentil y tu amor. Te agradezco que sabes todas cosas y nos has prometido que no retienes una cosa buena a los que tienen confianza en ti. Aceptas mi agradecimiento ayúdame a servirte. *Amén.*

6 DE OCTUBRE

Padre eterno,

Eres el orden y has establecido el orden en nosotros. Ayúdame este día para gobernar de ti. Ayúdame a rendir mi voluntad a ti para el cumplimiento de tu propósito. Guíame Dios en el camino recto por amor de tu Nombre. *Amén.*

7 DE OCTUBRE

Querido Padre celestial,

Refleja también en la misteridad de La Cruza- el camino que has escogido a traer la salvación a los géneros humanos. Es un camino improbable por la libertad y la vida eterna. Sin embargo, nos están traídos tu gracia y tu poder en la victoria; y ahora somos libres eternamente en tu hijo Jesús. Te agradezco, Dios. *Amén.*

8 DE OCTUBRE

Querido Padre celestial,

Es bueno para darte gracias. Mi corazón está alegrado porque tengo este privilegio. Vengo a ti también y sé que eres disponible a escucharme. Sabes los deseos de mi corazón y pido que contestará en tu propio tiempo y en tu propia manera. Ayúdame para confiar en ti y alabarte. *Amén.*

9 DE OCTUBRE

Padre eterno,

Nos has revelados el conocimiento para saber la diferencia en las cosas temporales y eternos; las cosas naturales y espirituales; las cosas que van a sobrevivir por un tiempo corto y los que sobrevivir por eternidad. Ayúdame este día para concentrar en valores eternos. *Amén.*

10 DE OCTUBRE

Querido Padre celestial,

Te agradezco por tus muchos bendiciones. Reclamo tu victoria en mí y me compromete mi alma completamente. Ayudame para saber cómo alabarte, Dios. Concédeme la oportunidad para glorificarte por todo que eres. Úsanos como quieras, Dios y cumplir tu propósito en nosotros. *Amén.*

11 DE OCTUBRE

Querido Padre celestial,

Puedo sentir el progreso en mi cuerpo. Te agradezco por tu ayuda. Me ayudas físicamente, pero estoy consciente que me ayudas espiritualmente y mentalmente. Dependo en ti, Dios, por toda tu bondad y estoy agradable que escuchas y contestas mis oraciones. Mantengas cerca de mí, yo rezo. *Amén.*

12 DE OCTUBRE

Querido Padre celestial,

Has diseñado todo y lo puedo ser un parte de tu creación. Te agradezco por ser consciente de mí y por tu provisión a mí. Me habías proveedo todo lo que necesito antes de puedo reconocerlo. Guíame a la alabanza más mejor este día. *Amén.*

13 DE OCTUBRE

Querido Padre celestial,

Eres real a mí y me mueves a lo que es bueno. Me das la fuerza para las obligaciones del día. Te agradezco que estás cerca. Ayúdame para entender correctamente tu mensaje por mi y ayúdame a seguirte. Úsame como quieras este día. *Amén.*

14 DE OCTUBRE

Querido Padre celestial,

Nos has dados muchos regalos para demostrar tus obras buenas. Nos has dado la evidencia de la eternidad para podemos buscar por lo que es permanente. Guíame este día para tu verdad va a reflejar en mi vida mientras vivo y daría testimonio de eternidad. *Amén.*

15 DE OCTUBRE

Padre eterno,

Me has dado un anhelo por la justicia y preparas el camino para buscarte y encontrarte. Concedes cumplimiento y la paz a los que te hubieron encontrado. Te agradezco Dios por la satisfacción de ti. Guíame a un apreciación más grande de tu bondad este día. *Amén.*

16 DE OCTUBRE

Querido Padre celestial,

En tu amor, has limitado tu mismo en la forma de un humano y nos ha dado la libertad de elección que incluso la libertad de no te elegimos. Te agradezco que has hecho tu amor disponible. Yo te elegí a tí, Dios y he encontrado una respuesta de todas mis necesidades en tí. Hágame agradecido realmente y recibes mi gratitud este día. *Amén.*

17 DE OCTUBRE

Padre eterno,

Vivimos y movemos y tenemos nuestras almas en tí. Has ordenado todas nuestras existencia y nos has ponido un deseo por ti. Te agradezco Dios que tengo el privilegio a conocerte. Tu Espíritu da testimonio en mí y me asegura de tu presencia. Ayúdame para demostrar tu amor este día. *Amén.*

18 DE OCTUBRE

Dios eterno,

Te expresa tu mismo en todas partes de tu creación. Has creados todas las criaturas pequeños y grandes. Me has creado y me has dado la capacidad por ti. Este anhelo me viene a ti ahora y te agradezco por tu amor. Úsame como quieras este día. *Amén.*

19 DE OCTUBRE

Querido Padre celestial,

Me has dado la fuerza en los obstáculos. Nos has dado la esperanza en la desesperación. Te agradezco que puedo venir a ti y comparten las cosas que ya sabes contigo. Concédeme la fe para saber que todas cosas trabajen conjuntos por la buena en tí. *Amén.*

20 DE OCTUBRE

Querido Padre celestial,

Te agradezco por los desafíos de la vida. Te agradezco que me has elegido por estas responsabilidades. Concédeme la fuerza y la sabiduría para manejar las tareas que están dados a mí este día. Acercándome Dios y llename con tu sabiduría. *Amén.*

21 DE OCTUBRE

Querido Padre celestial,

Te agradezco que eres un Dios que contesta las oraciones. Te agradezco que escuchas mi súplica y me das alivio. Dios enamorado, te agradezco que me conoces en total y tienes cuidado por mi. Úsame como quieras, yo rezo. *Amén.*

22 DE OCTUBRE

Querido Padre celestial,

Tu misericordia es eterna y tu verdad sobrevive en todas las generaciones. Te agradezco que reconozco tu bondad por mí y me has preservado en tu obra. Es un privilegio a participar en tu propósito y yo rezo que vas a usarme como quieras. *Amén.*

23 DE OCTUBRE

Querido Padre celestial,

Conoces mi cuerpo y entiendes que soy polvo. Eres mi Dios y vengo también para agradecerte por todo que eres. Te agradezco que eres más consciente de mí que puedo ser de mi mismo. Ayúdame a saber tu voluntad para mi vida y dame la sabiduría para cumplir tu propósito en mi vida. *Amén.*

24 DE OCTUBRE

Querido Padre celestial,

Somos conscientes de la provisión que nos has dado. Ayúdanos a escuchar tu llamado a alimentar las personas con hambre y vestir los desnudos. Concédenos la gracia para saber cómo cumplir tu voluntad. *Amén.*

25 DE OCTUBRE

Padre eterno,

Has hecho más por mi que podría hacer o pedir. Tu provisión es eterno y tu verdad sobrevive a todas las generaciones. Te agradezco por tu bondad y tu amor. Te agradezco por la oportunidad a amarte y servirte. Guíame este día, rezo. *Amén.*

26 DE OCTUBRE

Padre eterno,

Reclamo ti y eres fiel. Has prometido que si tengamos nuestros fe en ti, vas a darnos una corona de la vida. Este día es un otro regalo de tu río de vida y rezo que vas a ayudarme a servirte en una manera recta. Úsame como quieras. *Amén.*

27 DE OCTUBRE

Padre eterno,

Eres ansioso a salvar y dar tu gracia en los que quieren. Has prometido que quien viene a ti, no se echarás. Estás más cerca de respirando y de las manos y los pies. Estar conmigo este día y ayúdame a cumplir tu voluntad. *Amén.*

28 DE OCTUBRE

Querido Padre celestial,

Te agradezco por la visión que has dado a las personas que descubrieron esta tierra. Te agradezco por las oportunidades de este país. Ayúdanos, Dios, a realizar los privilegios que tenemos a servirte y los otros. Guíame este día, yo rezo. *Amén.*

29 DE OCTUBRE

Padre eterno,

Es mi privilegio una vez más a venir a ti y pone mi agradecimiento en frente de tu trono. Eres más consciente de mí que puedo ser a mi mismo. Ya sabes todas mis ideas y conoces todas mis maneras. Quiero alabarte en mi vida. Ser Dios mi guía, yo rezo. *Amén*

30 DE OCTUBRE

Padre eterno,

Te agradezco por tu preservación, tu cuidado, tu misericordia y tu amor. Puedo tener confianza en ti en todos tiempos y en todas cosas. Te agradezco por la alegría a conocerte y por el privilegio a venir en todos tiempos y lugares. Guíame este día y ayúdame a cumplir tu voluntad. *Amén.*

31 DE OCTUBRE

Padre eterno,

Me regocija en tu bondad y tu cuidado. Estoy contento en tu confort. Estoy refrescado cuando tengo el privilegio a acercarse. Recuerdo tu promesa que nunca nos dejarás ni nos desamparás. Querido Dios, ayúdame a vivir por ti este día. *Amén.*

Noviembre

1 DE NOVIEMBRE

Padre eterno,

Nos das experiencias diferentes para ayúdanos a entender que puedes estar con nosotros. Tienes la habilidad para sostenernos, mantenernos, confortarnos y siempre estar con nosotros. Te agradezco por tu amor eterno. Ayúdame para cumplir tu voluntad y alabarte. *Amén.*

2 DE NOVIEMBRE

Querido Padre celestial,

Todas cosas consisten en ti y sabes todas las maneras de tus criados. Nos has dado la capacidad a conocer y alabarte. Nos has bendecido con el conocimiento como descubrir tu propósito. Concédeme la sabiduría suficiente a vivir por ti este día. *Amén.*

3 DE NOVIEMBRE

Querido Padre celestial,

Has establecido la amistad y la alegría del compañerismo. Deseas que tu pueblo alabar en unidad. Te agradezco, Dios, por mis amigos y para saber que eres el amigo mejor. *Amén.*

4 DE NOVIEMBRE

Querido Padre celestial,

Nos has dado la habilidad a pensar para hacer obras que cumplirán tu propósito divino. Concédeme las ideas creativas que van a avanzar la calidad de los acciones que proponen tu reino en la tierra. Permite guiarme tu Espíritu Santo este día. *Amén.*

5 DE NOVIEMBRE

Querido Padre celestial,

Eres el origen de todas criaturas, el conductor de la existencia y sabes las complejidades de todas que se han creados y me conoces totalmente. Te agradezco que puedo analizar mi deseo para amarte y servirte. Úsame como quieras este día y ayúdame a honrarte en todas cosas. *Amén.*

6 DE NOVIEMBRE

Querido Padre celestial,

Has hecho posible a venir a ti. Dijo que quién te viene, no se echarás. Esta invitación está disponible a todos, pero menos van a aceptarlo. Dios enamorado, te agradezco que me has revelado tu mismo y yo de mí mismo me pongo en su altar de servicio. *Amén.*

7 DE NOVIEMBRE

Padre eterno,

Vengo a ti y yo sé que sabes todas cosas. Entiendes más que puedo entender. Has establecido y directo mi camino, guíame en el camino de la paz. Causame, Dios, a regocijar en ti. *Amén.*

8 DE NOVIEMBRE

Querido Padre celestial,

Me has concedido la gracia; provees por mi en maneras misteriosas que son más allá de lo que pueda imaginar. Derramas tu amor y tu gracia a mí. Ayúdame, Señor, a ser consciente de tu bondad y buscar a cumplir tu voluntad. Guíame este día y ayúdame a alabarte. *Amén.*

9 DE NOVIEMBRE

Querido Padre celestial,
Te agradezco por la fuerza y el privilegio a confiar en ti- el origen de la fuerza. Has prometido que los que tengan confianza en tí van a ser como La Monta Zion, y depende en tí para acercarse. Guíame este día y concédeme la gracia y el amor para servirte. *Amén.*

10 DE NOVIEMBRE

Padre eterno,
Te agradezco que siempre estás aquí cuando nos llama. Provees caminos para proveer por nuestros necesidades y para nos aseguran que estamos en tu amor y tu cuidado. Úsame como quieras este día y ayúdame a conocerte en todas cosas. *Amén.*

11 DE NOVIEMBRE

Padre eterno,
El creador de todas y el conservante de tu criado; tus maneras son más allá lo que pueda entender. La complejidad es más allá de la comprensión de los géneros humanos. Te agradezco, Dios, que nos has revelado tu amor y puedo saber con seguridad que soy tu hijo. Guíame este día y ayúdame a cumplir tu voluntad. *Amén.*

12 DE NOVIEMBRE

Querido Padre celestial,
Te agradezco por tu gracia. Eres tan paciente a mí y quieres guiarme para entender tu camino. Guíame en el camino recto este día y ayúdame a ser consciente de tu presencia en todos lugares. Ayúdame a permanecer siempre en tí, Dios. *Amén.*

13 DE NOVIEMBRE

Nuestros Padre Dios,
El creador, el buscador de los perdidos, el proveedor y el amigo, estás más cerca de respirando y de las manos y los pies. Viva a través de mi este día y llename con un sentido de tu propósito. Concédeme tu gracia, Dios, y ayúdame a seguirte. *Amén.*

14 DE NOVIEMBRE

Padre eterno,
Te agradezco por un otro cumpleaños y por mantener tu cuidado y tu compasión gentil de los años pasados. Dedico mi mismo también a tu servicio y rezo que vas a concederme la sabiduría, el conocimiento y el entendimiento en los años próximos. Úsame como quieras, yo rezo. *Amén.*

15 DE NOVIEMBRE

Querido Padre celestial,
Puedo confiar en tí para hacer cosas buenas en todas. Ves y sabes las necesidades del día. Úsame perfectamente como quieras y cumplir tu voluntad perfecta. A tu gracia divina, ayúdame a ser un parte de tu propósito santo. *Amén.*

16 DE NOVIEMBRE

Querido Padre celestial,
Te agradezco por un otro día para agradecerte por tu provisión. Es una satisfecha a saber que tienes mis días en tu mano y has navegado mi curso hasta lo que llegar salvo el puerto. Rezo que vas a ser un otro día para alabarte. Ayúdame a contar la evidencia de tu bondad y alabar tu Nombre. *Amén.*

17 DE NOVIEMBRE

Querido Padre celestial,

Vengo una vez más para alabarte que eres consciente de mí y para me concedió tu Espíritu Santo. Te agradezco por el privilegio que conocerte y de tu provisión. Te agradezco por tu promesa que vas a mantenerme en la paz perfecta cuando descanso en tí. Úsame como quieras este día yo rezo. *Amén.*

18 DE NOVIEMBRE

Padre eterno,

Nos sostiene en la carrera de la vida y eres el premio. Ayúdame a concentrar en tí. Dame la fuerza para perseverar al propósito de tu llamado y recibirá una corona de ti. *Amén.*

19 DE NOVIEMBRE

Querido Padre celestial,

Eres el fuente de la bondad y el amor. Te dependo y vengo a tí también tal como soy. Sabes y entiendes mis necesidades, deseos y esperanzas-hágalos méritos de tí. Ayúdame Dios a saber cómo amarle y ayúdame para alabar tu Nombre. *Amén.*

20 DE NOVIEMBRE

Querido Padre celestial,

Me conoces completamente y entiendes todas mis deseos. Vengo mí mismo en total y pido que vas a santificarme y hágame mérito de tí. Te agradezco por el privilegio a conocerte y llamarte Dios y Salvador. Te agradezco por las victorias del pasado y tengo confianza para las victorias en el futuro mientras riendo mí mismo a tí. *Amén.*

21 DE NOVIEMBRE

Padre eterno,

Me has dado un propósito y has prosperado mi camino. Has diseñado mi camino y me has seguido en todo. Sostiene mi mano Dios y ayúdame a nunca sentir sólo en ningún tiempo. Guíame en el camino de la verdad y ayúdame a cumplir tu voluntad. *Amén.*

22 DE NOVIEMBRE

Padre eterno,

Te agradezco que cuidar incluso de las pequeñas criaturas. Te agradezco que nada criatura es demasiado pequeños por tu cuidado. Te agradezco que te cuidan por todos mis partes. Te agradezco por las maneras maravillosas que has demostrado tu amor. Úsame como quieras yo rezo. *Amén.*

23 DE NOVIEMBRE

Querido Padre celestial,

Eres un Dios de la misericordia. Entiendes todas las necesidades de tus hijos. Te míranos con compasión este tiempo. Dios enamorado, tengo confianza en tí. Eres nuestros origen realmente de la esperanza. Conoces nuestros corazones que dependemos en tí. Ayúdame a alabarte continuamente y cumplir tu voluntad. *Amén.*

24 DE NOVIEMBRE

Padre eterno,

Nos has venidos en los dimensiones más allá de nuestros comprensión. Abres las puertas de oportunidad mientras rendimos nuestros mismos a tí. Llename este día con tu promesa para revelar tu bondad a tus hijos. Ayúdame a servirte en real. *Amén.*

25 DE NOVIEMBRE

Querido Padre celestial,

Te agradezco por todo que eres a mí. Te agradezco por todos tus promesas a mí. Te agradezco por todo que cumplía en mí. Te agradezco por todo que voy a ser en tí. *Amén.*

26 DE NOVIEMBRE

Querido Padre celestial,

Te agradezco por el privilegio a venir a tí. Sabes todo este día y ya estás en el fin. Te dependo por la guía, la fuerza, el conocimiento y amor para enfrentar los obstáculos. Ayúdame Dios a servirte con todo mi corazón. *Amén.*

27 DE NOVIEMBRE

Querido Padre celestial,

Te agradezco por el misterio continuamente de la vida. Siempre me llenas con maravilla y la alabanza. Siempre hay descubrimientos satisfechos y la razón por la alegría en tí. Te agradezco. Guíame hacia un apreciación más grande de tu amor y tu bondad. Rezo en tu Nombre. *Amén.*

28 DE NOVIEMBRE

Querido Padre celestial,

No hay decepción en tí. Aunque no puedo saber la cuestión en total y no sé las distintas vertientes de la cuestión, tengo confianza en tí y sé que sabes todas cosas trabajarán en una manera buena. Te agradezco por tu bondad Dios. *Amén.*

29 DE NOVIEMBRE

Querido Padre celestial,

Te agradezco por la inspiración de tu Espíritu Santo y por la alegría. Te agradezco que nunca me dejarás ni me desamparás y que cada día contigo es más dulce que el día antes. Ayúdame a saber más de voluntad por mí este día y dame la gracia para cumplir tus deseos. *Amén.*

30 DE NOVIEMBRE

Querido Padre celestial,

Te agradezco por tu mismo y por los bendiciones abundantes que me has dado. Te agradezco que siempre estás trabajando y puedo entenderlo para alabarte. Úsame en las maneras que puedo servirte mejor y concédeme el espíritu para glorificar tu Nombre. Guíame como quieras. *Amén.*

DICIEMBRE

1 DE DICIEMBRE

Querido Padre celestial,

Te agradezco que tienes la respuesta a todas mis preguntas y de los problemas de la vida. Ayúdame a echar todo mi cuidado sobre tí; ya que tú careth para mí y amarme. Concédeme tu Espíritu Santo y ayúdame a servirte. *Amén.*

2 DE DICIEMBRE

Querido Padre celestial,

Has revelado tu hijo Jesús y has invitado todas para alabarse. Eres el Dios de amor y quieres la alabanza de toda tu creación. Vengo también para alabarte y adorarte. Te agradezco por todo que eres a mí. Me prometo mi alma. Úsame como quieras. *Amén.*

3 DE DICIEMBRE

Querido Padre celestial,

Te agradezco por tu compasión y tu bondad. Te agradezco por un demostración claro de tu trabajo en el mundo. Eres nuestros Dios y conservador. Deseas nuestros devoción. Guíame en los caminos rectos y ayúdame a honrarte. Concédeme tu gracia este día y ayúdame para alabarte. *Amén.*

4 DE DICIEMBRE

Querido Padre celestial,

Yo sé que me amas sobre tu provisión. Yo sé que me cuides sobre tus regalos. Yo sé que será fiel sobre tus promesas. Yo sé que soy salvado sobre tu misericordia. Úsame este día para cumplir tu voluntad. Guíame mientras que seguirte. *Amén.*

5 DE DICIEMBRE

Querido Padre celestial,
Me da toda mi alma a tí: todo le me puede ser. Concédeme la gracia para hacer tu voluntad y recibe la alabanza por mí. Te agradezco, Dios enamorado, por todo que eres. Por favor, guíame en hace que quieras. *Amén.*

6 DE DICIEMBRE

Padre eterno,
Te agradezco que mientras concedes el regalo de la vida, siempre hay una otra oportunidad para venir a tí y reconoce tu amor y tu bondad. Siempre hay un principio nuevo con tí; haga este día uno de podrá tu amor nuevo. *Amén.*

7 DE DICIEMBRE

Querido Padre celestial,
Tu me guías, me proteges y me proteges a lo mal. Cuidas por mí todos mis días. Me has prometido a cuidar como(la manzana de tu ojo)- te agradezco. Ayúdame para reconocer tu bondad este día y me concede un corazón de la alabanza. Ayúdame a honrarte en todo lo que hago. En tu Nombre, yo rezo. *Amén.*

8 DE DICIEMBRE

Querido Padre celestial,
Te agradezco que eres la autoridad y tienes el plan por nosotros en tu autoridad. Riendo mí mismo a tí este día y yo rezo que vas a tener la misericordia y guíame en tu camino. Ayúdame a saber y cumplir tu voluntad. Ayúdame para alabarte en todas las cosas que hago. *Amén.*

9 DE DICIEMBRE

Querido Padre celestial,

Refrescas los cansados y da la fuerza a los débiles. Eres el origen de la vida y el conservador de todos que tienen confianza en tí. Te agradezco por el privilegio a conocerte y la alegría a reclamarte. Soy tuyo, Dios enamorado. Úsame como quieras en el cumplimiento de tu propósito. *Amén.*

10 DE DICIEMBRE

Querido Padre celestial,

Te agradezco por una otra oportunidad para alabarte y por el calor del sol aunque es el invierno. Tu gloria es continua y podemos ver las rayas de tu gloria brilla a través de la miseria, si podamos permitir tu voluntad. Te agradezco por esta temporada que podemos recordar tu encarnación en Jesús. Ayúdame para amarte, yo rezo. Amén.

11 DE DICIEMBRE

Querido Padre celestial,

Te agradezco por tus bendiciones continuos, el privilegio a conocerte y la alegría que recibo por tí. Ayúdame a cumplir tu voluntad por mi vida. Guíame en los caminos rectos y ayúdame a vivir la verdad de tu mensaje. Riendo mí mismo a tí para servirte como quieras. *Amén.*

12 DE DICIEMBRE

Padre eterno,

Te ordenas el mundo a tu diseño y pones los tiempos y las temporadas para cumplir tu propósito. Eres constante y no te cambias, pero te contestan el llamado de las personas que cambian. Acércame ese día y guíame en los caminos rectos para alabarte. *Amèn.*

13 DE DICIEMBRE

Querido Padre celestial,

Eres amor eterno y ha expresado este amor en la persona de Jesús. Él nos has demostrado el criado sufrimiento y el rey victorioso. Te agradezco por esto misterio. Sé que has colocado tu mano a mí- ayúdame a vivir por tí. Guíame este día, yo rezo. *Amén.*

14 DE DICIEMBRE

Querido Padre celestial,

Siempre estás cerca y me conoces en total. Te agradezco por tu sostenido y tu bondad. Ayúdame a vivir por tí y cumplir tu voluntad por mí. Concédeme la sabiduría para cumplir tu voluntad y causame a alabarte siempre. *Amén.*

15 DE DICIEMBRE

Querido Dios,

Has hecho realmente tu mismo a través de Tu Palabra. Has dicho en el pasado a través de tus profetas y tu hijo Jesús. Permite tu Espíritu Santo para decir a mi corazón este día y ayúdame a honrarte. *Amén.*

16 DE DICIEMBRE

Querido Padre celestial,

Sostienes nuestros tiempo en tu mano y has determinado el número de nuestros días. Nos has dado el propósito y nos concedes la fuerza para cumplirlo. Te agradezco que no es mi responsabilidad para ordenar mi día. Riendo mí mismo a tí también para vas a llenarme con tu Espíritu Santo y usarme como quieras. *Amén.*

17 DE DICIEMBRE

Querido Padre celestial,
Te agradezco por el privilegio de la vida. Alabo tu Nombre por la complejidad de los sentidos. Te agradezco, Dios, por el regalo de ser consciente y los bendiciones de tu presencia. Lléname con tu Espíritu Santo este día y ayúdame a demostrar tu amor. Guíame en el camino de servicio por tí. *Amén.*

18 DE DICIEMBRE

Querido Padre celestial,
Nos has dado la lluvia y vas a llevar afuera el sol. Te ordenas las temporadas y sostienes las planetas y los constelaciones. Mantienen mis días en tu plan y causame a cumplir tu voluntad. Ayúdame a alabarte en todas cosas y honrarte en toda mi vida. *Amén.*

19 DE DICIEMBRE

Querido Padre celestial,
Me has concedido el espíritu del discernimiento para puedo desearte. Te agradezco, Dios. Ayúdame a siempre elegir y caminar en tu camino. Es muy seguro a estar contigo, Dios y para saber que nos te sostenemos hasta el fin del mundo. *Amén.*

20 DE DICIEMBRE

Querido Padre celestial,
Me haces sentir feliz y llevas la alegría real. Recibes el agradecimiento. Te ofrezco lo mejor que tengo y pido que vas a ser felíz para recibir mi alma. Úsame como quieras Dios y ayúdame para alabarte en todas cosas. *Amén.*

21 DE DICIEMBRE

Querido Padre celestial,

Te agradezco que provees por todas mis necesidades y que eres consciente de mí incluso cuando no soy consciente de mí mismo. Te agradezco Dios que tus hijos son tu preocupación más importa y los que tienen confianza en tí nunca van a necesitar nada cosa buena. Ayúdame para alabarte. *Amén.*

22 DE DICIEMBRE

Querido Padre celestial,

Concédeme la gracia para saber y cumplir tu voluntad. Guíame en los caminos rectos y dame la sabiduría y la fuerza para ser fiel a tu verdad. Te necesito toda hora, Señor. Ayúdame a sentirte cerca mientras trato a seguirte. *Amén.*

23 DE DICIEMBRE

Nuestros Padre Dios,

Has revelado tú mismo a través de tu hijo Jesús nuestros Dios. Has prometido que las cosa pedimos por en tu Nombre, vas a concedelos. Vengo a tí este día para pedir que vas a ordenar mi vida como quieras y vas a concederme la gracia para cumplir tu voluntad. *Amén.*

24 DE DICIEMBRE

Querido Padre celestial,

Envía tu hijo Jesucristo para redimirnos que estaban abajo de la ley de pecado. Te agradezco, Señor, por esta redempción y la alegría de salvación. Haga nacer otra vez en mí también esta temporada de la Navidad y ayúdame a demostrar tu bondad. *Amén.*

25 DE DICIEMBRE

Querido Padre celestial,

Te agradezco por la alegría de la Navidad y la oportunidad para disfrutar el nieve y el frío. Te agradezco por la ventaja de un edificio caliente y los muchos decoraciones y tarjetas de Navidad. Te agradezco por el amor de las personas y lo más, por Jesucristo quien redimirnos. *Amén.*

26 DE DICIEMBRE

Querido Padre celestial,

Te agradezco que podemos venir a tí a través de tu hijo Jesús. Te agradezco por tu bondad y tu cuidado y por tu toca gentil y tu compasión gentil. Ayúdame a confiar en ti en todos tiempos y en todas cosas. El cumplimiento verdad está en tí. *Amén.*

27 DE DICIEMBRE

Querido Padre celestial,

Te agradezco que nos has llamado a venir a tí. Has prometido que antes de llamamos, vas a contestar. Mientras decimos, vas a escuchar. Vengo a tí también mientras yo sé que sabes y entiendes mis necesidades. Tengo confianza en ti para cumplir lo bueno. *Amén.*

28 DE DICIEMBRE

Querido Padre celestial,

Vivo respiro y tengo mi alma en tí. Eres mi todo. Puedo venir a ti con cualquier preocupación y no vas a echarme. Te satisfecha y te agradezco por todo que eres. Permite todos mis días que pasan mientras estoy alabándote. Ayúdame a saber y cumplir tu voluntad este día. *Amén.*

29 DE DICIEMBRE

Querido Padre celestial,

Ayúdame a siempre ser consciente de tu bondad y tu amor. Me has dado todo lo que es necesario para alabarte, Dios enamorado. Tu provisión siempre está por mi y siento tu Espíritu llenarme. Mantenerme cerca de ti este día, yo rezo. *Amén.*

30 DE DICIEMBRE

Querido Padre celestial,

Mi corazón encuentra el descanso cuando venir a tí en el oración. Siento tu amor alrededor a mi mientras entiendo que quiere decir Tu Palabra: "Estoy contigo siempre hasta el fin del mundo". Me mantienes ser consciente de tí este día. *Amén.*

31 DE DICIEMBRE

Querido Dios celestial,

Te agradezco que me has dado una otra oportunidad para levantar mis ideas en la alabanza por ti por toda tu bondad a mí. Te agradezco, Padre, que tiene este mundo en tu posesión y no importa nos que lo hace, eres la autoridad. Estás trabajando tu propósito cada año. Acelera el tiempo que experimentar tu gloria en total. *Amén.*

Sobre el Autor

Noel Palmer es un ministro registrado a la organización The Religious Society of Friends (Quakers). Has pastoreado los reuniones en tu isla nativa de Jamaica, WI y también ha pastoreado el Manhattan Monthly Meeting en la ciudad de Nueva York. Noel es un profesor retirado del State University of New York, donde él servía para veinte-tres años. Has escribido dos libros: *Daily Notes to God y Westbury Friends School: The First Forty Years.*

¡Daily Notes to God en la red!

2011 se marcó la 20º aniversario de la publicación de *Daily Notes to God* a Noel Palmer. En 1991, se hacía *Daily Notes to God* de ideas de la mañana en una forma imprimida para cada día del año a los leedores de libros mientras nos alentando a añadir sus propios ideas y oraciones en el fin.

Con la re-publicación del libro de Palmer, *Daily Notes to God* ha expandido en los direcciones que solamente están disponibles en la 2ª década del siglo XXI. En adición a una versión nueva imprimida, *Daily Notes to God* está disponible en un versión digital por el Kindle y los otros "e-readers" para los leedores pueden recibir inspiración a Notes de Pastor Palmer sobre la marcha. El sitio de la red del libro, *www.DailyNotesToGod.com*, ofrezca los grabaciones digitales de los sermones de él, son disponibles para descargar, por los que prefieren a escucharlos. El sitio incluso también un blog interactiva donde las personas pueden compartir sus ideas, reflexiones y oraciones. A los avances tecnológicos, *Daily Notes to God* es un foro interactiva para la devoción compartido y para multiplicar las alabanzas a Dios.